FALKEN VERLAG

Falken-Handbuch

Ursula von Lyncker

Patiencen

Die 111 interessantesten Auslagen

Bearbeitet von Anni Pathenschneider

FALKEN VERLAG

CIP-Kurztitelaufnahme der Deutschen Bibliothek

Lyncker, Ursula von:
Patiencen: d. interessantesten 111 Auslagen /
ausgew. von Ursula von Lyncker.
Bearb. von Anni Pathenschneider.– Niedernhausen/Ts.:
Falken-Verlag, 1985.
(Falken-Handbuch) (Falken-Sachbuch)
ISBN 3-8068-4151-9
NE: Pathenschneider, Anni [Bearb.]

ISBN 3 8068 4151 9
© 1985 by Falken-Verlag GmbH,
6272 Niedernhausen/Ts.
Titelbild: Studio Burock, Wiesbaden
Der Verlag dankt den Vereinigten Münchener Spielkarten Fabriken F. X. Schmid, die freundlicherweise die Patiencekarten zur Verfügung gestellt haben.
Satz: H. G. Gachet & Co., 6070 Langen
Druck: Offset-Team Zumbrink, Bad Salzuflen

817 2635 4453 6271

Inhalt

Einleitung

Das französische Wort *patience* heißt wörtlich übersetzt Geduld, aber wer denkt schon daran, wenn er das Wort hört? Das Spiel, das diesen Namen trägt, ist schon lange bei uns eingebürgert und beliebt, und sein Name erinnert nicht sofort an die ursprüngliche Bedeutung. »Sie legen Patiencen?« Diese Frage kann ganz verschieden klingen, von mißbilligend (»Haben Sie nichts Besseres zu tun?«) über erstaunt (»Was, Sie auch?«) bis zu freudig zustimmend (»Oh, fein, noch eine(r)!«).

Patiencen zu legen bedeutet Entspannung für den einen, eine Übung von Konzentrations- und Kombinationsgabe für den anderen. Aber Freude macht es allen, die sich dafür interessieren. Das Buch wendet sich nicht nur an bereits geübte Spieler, sondern auch – und das ganz besonders – an die Neuhinzugekommenen in der Schar der Patience-Leger. Sie finden schon ganz einfache Patiencen, die erst einmal das Gefühl für das Ordnen der Karten, für die Karten überhaupt geben können. Über alle Schwierigkeitsgrade hinweg kann man sich dann bis zu den kompliziertesten »hinaufspielen«. Aber auch als Experte müssen Sie das Buch nicht aus der Hand legen, denn es werden meist nur einige »Lieblingspatiencen« sein, deren Regeln man im Kopf hat. Mit diesem Buch verfügt man jedoch über einen reichhaltigen Vorrat in Reichweite des Spieltisches, und man wird manches Neue entdecken oder lange Vergessenes wiederfinden.

Wo die Kunst des Anordnens von Karten nach bestimmten Regeln zu Bildern oder in bestimmten Reihenfolgen herkommt, ist nicht genau bekannt, ebensowenig die Herkunft der Spielkarten überhaupt. Man nimmt an, daß die Karten aus dem Orient über Italien und Frankreich ihren Weg zu uns fanden. Auch das Patiencespiel könnte aus Frankreich zu uns gekommen sein. Aber sicher ist das nicht.

Es gibt verschiedene Arten von Spielkarten. Für die Patience benutzen wir das »Französische Spiel« aus 52 Karten, auch Whistspiel genannt. Da die Auslage oder das Schlußbild oft viel Raum beanspruchen, gibt es spezielle Patience-Karten, d. h. französische Spiele in kleinerem Format.

Die in diesem Buch zusammengestellten Patiencen sind in leichte, mittelschwere und schwere eingeteilt, obwohl eine solche Gliederung nur subjektiv sein kann. Manche Patiencen werden dem einen leichter, dem anderen schwieriger erscheinen, je nachdem, welche Art er vorzieht oder beherrscht. Denn es gibt Patiencen ganz verschiedener Art. Bei manchen sind in mechanischer und völlig von der Lage einiger Karten abhängiger Weise andere Karten anzuordnen, abzulegen, abzuzählen usw., was aber gar nichts mit der Schwierigkeit zu tun haben muß, denn das alles kann nach sehr komplizierten Regeln vor sich gehen. Bei anderen kommt es besonders auf ein schönes Schlußbild an. Und als Krönung gibt es dann die Patience, bei der man, wie bei einem Schachspiel, planen und überlegen muß, um manchmal erst nach langer Zeit eine Lösung zu finden.

Bei der Beschreibung der einzelnen Spiele werden sich zwangsläufig einige Dinge wiederholen. Eine Anweisung jedoch soll vorangestellt werden, weil sie für jede Patience gilt und sich auch eigentlich von selbst versteht: Vor Beginn jedes Spiels sind die Karten *gut* zu mischen.

Für Neulinge im Reich der Patience wurde ein kleines Fachwörterlexikon zusammengestellt, das einige grundlegende Fragen beantwortet und am Ende des Buches zu finden ist.

Als kleine Hilfe finden Sie bei den einzelnen Patience-Beschreibungen Hinweise, was in dem jeweiligen Abschnitt vorgestellt wird: »A« steht für die Auslage am Beginn des Spieles, »Z« für das Ziel der Patience und »V« für die Vorgehensweise während des Spieles, den Spielverlauf.

1. Kapitel

Leichte Patiencen für den Anfang

Herz zu Herz

(1 Skatspiel = 32 Karten)

Z

Die 8 Herzkarten sollen nach einem bestimmten Schema aus dem Spiel sortiert werden.

A/V

Die ersten 3 Karten des Talons werden offen nebeneinandergelegt. Ist dabei eine Herzkarte, nimmt man sie heraus und legt sie beiseite. Nun legt man weitere 3 Karten unter die ersten und verfährt genauso. So geht es weiter, und nach dem Auslegen jeder Reihe sortiert man die Herzkarten heraus. Nach insgesamt 5 Reihen nimmt man die Karten, die übriggeblieben sind, zusammen und vermischt sie mit dem Rest des Talons.

Dann beginnt man von neuem: Wieder werden 5 Reihen zu je 3 Karten ausgelegt und die Herzkarten herausgenommen. Sind danach immer noch Karten der Herzfamilie im Spiel, ist noch ein 3. Durchgang erlaubt.

Die Patience ist aufgegangen, wenn danach alle Herzkarten beisammen liegen.

Nach dem Auslegen der ersten 5 Reihen sind 5 Herz-Karten aussortiert.

Rot und Schwarz

(1 Spiel = 52 Karten)

Auch dies ist wieder – wie »Herz zu Herz« – eine ganz einfache Patience.

Z

Der Talon wird durch Aussortieren von rot-schwarzen Kartenpaaren aufgelöst.

V

Man nimmt 2 Karten vom Talon und dreht sie um. Ist die eine rot und die andere schwarz, so legt man sie beide beiseite. Sie scheiden aus dem Spiel aus, und man kann die beiden nächsten Karten nehmen. Sind es dagegen 2 rote oder 2 schwarze Karten, so beginnt man mit ihnen einen Ablagestapel. So geht es weiter, bis der Talon zu Ende ist.

Nun nimmt man den Ablagestapel, mischt ihn und verwendet ihn als neuen Talon. Er darf noch einmal durchgespielt werden. Sind dann noch nicht alle Karten aus dem Spiel genommen, ist die Patience nicht aufgegangen.

Unser Foto zeigt, daß die 3 ersten Kartenpaare abgelegt werden konnten: Sie bestanden aus je einer roten und einer schwarzen Karte. Doch jetzt wurden 2 rote (Herz-)Karten vom Talon gezogen, die auf den Ablagestapel kommen.

Dreizehnmal vier

(1 Spiel = 52 Karten)

Diese Patience ist schon besser: immer noch so richtig zum Eingewöhnen, einfach und doch nicht langweilig.

A/V

Man legt 13 Karten in einer waagerechten Reihe offen aus (oder – wenn der Platz nicht reicht – in 2 Reihen mit soviel Platz dazwischen, daß jeweils noch 3 weitere Reihen angelegt werden können). Beim Auslegen zählt man mit, entweder von As – 2 – 3 bis Bube – Dame – König oder von 1 bis 13, denn der Bube hat ja den Wert 11, die Dame 12, der König 13. Käme dabei eine Karte auf den ihrem Wert entsprechenden Platz, also beispielsweise ein As auf Platz 1 oder eine Herz-Fünf auf Platz 5, so legt man sie beiseite, und der Platz bleibt frei. Nach dem Auslegen der ersten 13 Karten beginnt man wieder mit 1 und legt diesmal die Karten schuppenförmig unter die erste Reihe. Wieder werden die auf den Platz ihres Wertes kommenden Karten beiseite gelegt. Schließlich werden noch eine 3. und eine 4. Reihe ausgelegt (s. Foto).

Sind alle Karten ausgelegt, nimmt man die beiseite gelegten Karten und schiebt sie jeweils als oberste etwas unter die ihrem Wert entsprechende Reihe. (Auf unserem Foto käme also der Kreuz-Bube über die Reihe 11, die Kreuz-Zehn über die Reihe 10.) Dafür nimmt man die unterste Karte der Reihe, zu der man etwas hinzufügt, weg. Hat man die beim ersten Auslegen beiseite gelegten Karten alle in ihren Reihen untergebracht, verfährt man mit den jetzt neu beiseite gelegten genauso, und so geht es weiter. Im Laufe des Spiels werden diese ausgetauschten Karten weniger, denn sobald eine Reihe nur noch Karten des entsprechenden Wertes enthält, kann unten nichts mehr weggenommen werden.

Die Patience ist aufgegangen, wenn es gelingt, alle Karten in ihrer Reihe unterzubringen, so daß am Ende alle Karten gleichen Wertes untereinander liegen.

Unter anderem wären Kreuz-Zehn auf Platz 10 und Kreuz-Bube auf Platz 11 zu liegen gekommen. Sie wurden also beiseite gelegt. Jetzt schiebt man sie halb unter die obersten Karten ihrer Reihen und nimmt dafür die Kreuz-Fünf und die Herz-Drei weg.

Das Rad

(1 Spiel = 52 Karten)

A

Die ersten 12 Karten des Talons legt man als offenen Hilfsstapel in die Mitte, drumherum 8 weitere Hilfskarten, ebenfalls offen (s. Foto).
Die nächste vom Talon abgehobene Karte kommt unter die Auslage. Sie ist die Grundkarte (ebenso dann die 3 anderen Karten des gleichen Wertes, die im Laufe des Spiels erscheinen).

Z

Auf den Grundkarten sollen »gemischte Familien« aufgebaut werden, d. h. die Karten in der Reihenfolge ihres Wertes und immer abwechselnd rot und schwarz. Ist die zuerst ausgelegte Grundkarte beispielsweise eine Herz-Drei, so sind alle Dreien Grundkarten. Auf die Herz-Drei gehört nun eine schwarze Vier, also Kreuz oder Pik, darauf eine rote Fünf usw.

V

Nach dem Auslegen der ersten Grundkarte überprüft man, ob bei den Hilfskarten oder als oberste Karte des Hilfsstapels eine weitere Grundkarte oder aber eine passende Folgekarte ausliegt. Ist das der Fall, wird/werden sie sofort verwendet. Entsteht dabei eine Lücke bei den Hilfskarten, wird sie vom Hilfsstapel wieder aufgefüllt (und wenn er aufgebraucht ist, vom Talon). Nun hebt man die Karten des Talons einzeln ab und prüft bei jeder nach, ob sie beim Aufbau der Familien Verwendung finden kann. Dabei muß man jedoch auch stets wieder nachschauen, ob nach dem Auflegen einer Karte vielleicht wieder eine Karte aus dem Rad der Hilfskarten oder vom Hilfsstapel paßt. Karten vom Talon, die man im Augenblick nicht verwenden kann, werden auf einen Ablagestapel gelegt, dessen oberste Karte stets »mitspielt«, d. h. ebenfalls zum Auflegen auf die Grundkarten benutzt werden kann, sobald sie paßt.
Lücken, die bei den Hilfskarten entstehen, werden solange vom Hilfsstoß gefüllt, bis er aufgebraucht ist, danach vom Ablagestapel.
Ist der Talon zu Ende, wird der Ablagestapel umgedreht und als neuer Talon benutzt. Wenn er durchgespielt ist und dann noch Karten übrig sind, ist die Patience nicht aufgegangen.

Das Rad

Unser Bild zeigt die Auslage. Grundkarte ist die Sieben. Die Päckchen der 4 Familien werden also alle mit einer Sechs abschließen. Schauen wir uns das »Rad« an: Es enthält eine weitere Grundkarte, die Kreuz-Sieben. Sie wird herausgelegt und darauf die Karo-Acht. Die beiden freiwerdenden Plätze werden mit den beiden obersten Karten des Hilfsstapels besetzt, dem Herz-As und der darunter versteckten Karte.

Die Uhr

(1 Spiel = 52 Karten)

A

Alle 52 Karten werden ausgelegt, und zwar verdeckt im Kreise wie die Ziffern einer Uhr mitsamt dem Zeigerdrehpunkt (s. Foto). Man beginnt mit dem Platz der 1-Uhr-Ziffer, die 13. Karte kommt jeweils in die Mitte.

Z

Am Ende sollten – wenn die Patience aufgegangen ist – die Werte 1–12 (11 = Bube, 12 = Dame) wie die Ziffern der Uhr sichtbar sein, und in der Mitte liegt dann der König.

V

Man dreht die oberste Karte des Päckchens der Ziffer 1 um und schiebt sie offen – also mit der Bildseite nach oben – unter das Kartenpäckchen, das dem Wert der Karte entspricht. Wäre es z. B. eine Dame (die Farbe spielt keine Rolle), so käme sie unter das 12-Uhr-Päckchen, ein König dagegen käme unter das Päckchen in der Mitte. Nun dreht man die oberste Karte des Päckchens um, unter das man die Karte gesteckt hat, und verfährt mit ihr genauso.
Die Patience ist aufgegangen, wenn es gelang, alle Karten umzudrehen und an ihren richtigen Platz zu legen, so daß das Zifferblatt korrekt von 1 bis 12 sichtbar ist.
Diese Patience ist sehr einfach zu spielen, aber sie geht häufig nicht auf. Sie kann eigentlich nur aufgehen, wenn man ein As als letzte Karte umdreht, denn sobald das 4. As unter das 1-Uhr-Päckchen geschoben wurde, ist keine Karte mehr zum Aufdecken auf diesem Päckchen vorhanden. (Da man die erste Karte zu Beginn des Spiels von diesem Päckchen genommen hatte, besteht es ja nur noch aus 3 Karten.)

Die Uhr

Die Achten und die Könige sind schon alle aufgedeckt: Es sind jeweils 4 Karten. Auch die Asse liegen offen, doch es sind nur 3 Karten. Jetzt käme das 4. As darunter, aber die letzte verdeckte Karte wurde schon beim Unterschieben des 3. Asses weggenommen. Die Patience geht also nicht weiter.

Auf Wiedersehen

(1 Spiel = 52 Karten)

A

Man legt zunächst 12 Päckchen aus je 4 Karten offen in 2 waagerechten Reihen aus, das 13. verdeckt mit etwas Abstand daneben.

Z

Die Karten werden so umgelegt, daß zum Schluß die obersten Karten der 13 Päckchen die 13 Werte vom As bis zum König der Reihe nach zeigen.

V

Man nimmt die oberste Karte des Päckchens Nr. 1, also des ersten Päckchens der oberen Reihe, und schiebt sie unter das Päckchen, dessen Platznummer in der Reihenfolge der 13 Päckchen mit dem Wert der Karte übereinstimmt. Nun nimmt man die oberste Karte des Päckchens, unter das man die erste Karte geschoben hat und verfährt mit ihr genauso. So geht es weiter.

Wird als oberste Karte ein König weggenommen, so beginnt man mit ihm ein vierzehntes Päckchen, und jetzt nimmt man die oberste Karte des Päckchens Nr. 13 auf. Alle weiteren auftauchenden Könige kommen dann ebenfalls auf das neu begonnene 14. Päckchen.

Zum Schluß sind alle Karten, die man als erste versteckte, wieder frei: Man »sieht sie wieder«.

In diesem Stadium hat sich die Patience festgefahren. Die letzte Karte wurde unter das Päckchen Nr. 8 geschoben. Hier liegt das Pik-As oben. Wenn man sie unter das Päckchen Nr. 1 schiebt, ist keine Karte zum Weiterspielen mehr da.

Die Acht-Päckchen-Patience

(1 Skatspiel = 32 Karten)

A

Die 32 Karten werden in 8 Päckchen zu je 4 Karten nebeneinander gelegt. 3 Karten jedes Päckchens sind verdeckt, die oberste offen.

Z

Die Päckchen müssen nach einem bestimmten Schema aufgelöst werden.

V

Man schaut zunächst nach, ob bei den 8 offenliegenden Karten 2 mit gleichem Wert sind (z. B. 2 Achten oder 2 Buben). Ein solches gleichwertiges Paar wird herausgenommen und abgelegt. Die beiden unter ihnen liegenden Karten werden umgedreht. Wieder sucht man 2 gleichwertige Karten und verfährt wie vorher.

Was macht man, wenn einmal 3 gleichwertige Karten vorhanden sind? In diesem Fall darf man nachsehen, welcher Wert jeweils direkt unter diesen Karten liegt und kann danach entscheiden, welche Karten man ablegt. Da die Päckchen abgebaut werden müssen, wird man darauf achten, ob die nächste umzuwendende Karte leicht zu verwenden ist. Möglicherweise liegt auch nur noch unter 2 der 3 gleichwertigen Karten eine weitere, noch verdeckte, unter der 3. aber keine mehr. Man wird dann natürlich die beiden ersten wegnehmen, um den Weg zu den darunterliegenden Karten freizumachen.

Hier hat man die Wahl unter 3 Achten. Unter der einen liegt ein As, unter den beiden anderen je eine Zehn. Man wird also die beiden Karten über den Zehnen nehmen, denn ein As ist im Augenblick nicht nötig, da bereits 2 Asse vorhanden sind.

Damenquadrille

(1 Spiel = 52 Karten)

A

Man sucht zunächst die 4 Damen heraus und legt sie in die Mitte des zur Verfügung stehenden Platzes (s. Foto). Um die Damen gruppieren sich dann im Laufe des Spiels auch die Fünfen und die Sechsen.

Z

Die reinen Familien sollen aufgebaut werden, d. h. jeweils die aufeinander folgenden Karten einer Farbe, und zwar auf den Fünfen absteigend bis zum König, auf den Sechsen aufsteigend bis zum Buben (also z. B. auf der Herz-Fünf: Herz-Vier, Herz-Drei usw. auf der Pik-Sechs: Pik-Sieben, Pik-Acht usw.).

V

Nach der Auslage der Damen werden die Karten einzeln vom Talon genommen. Erscheint eine Fünf oder Sechs, wird sie zur Dame derselben Farbe gelegt. Liegt die erste Fünf oder Sechs, muß jede Karte vom Talon auch daraufhin angeschaut werden, ob sie als Folgekarte aufgelegt werden kann. Was nicht paßt, kommt auf einen Ablagestapel, dessen oberste Karte stets mitverwendet werden darf.
Ist der Talon zu Ende, dreht man den Ablagestapel um und beginnt mit ihm als neuem Talon von vorn. Nach 3 Durchgängen müssen alle Karten aufgelegt sein, sonst ist die Patience nicht aufgegangen.

Damenquadrille

Dies ist unser Bild nach dem ersten Durchspielen des Talons. Ein Päckchen (auf der Herz-Sechs) ist schon fertig, während auf Karo-Sechs und Kreuz-Sechs noch keine Karte aufgelegt werden konnte.

Die Farbenelf

(1 Spiel = 52 Karten)

A

Die ersten 16 Karten werden offen in 4 Reihen ausgelegt (s. Foto).

Z

Der gesamte Talon soll nach und nach ausgelegt und paarweise abgelegt werden.

V

Nun schaut man nach, ob bei den ausgelegten Karten Paare der gleichen Farbe sind, deren Werte zusammen 11 ergeben (auf dem Foto: Herz-Zwei in der ersten und Herz-Neun in der 4. Reihe). Sie werden herausgenommen und beiseitegelegt. Auch wenn Bube, Dame und König einer Farbe alle dabei sind, können sie herausgenommen werden. Im Spiel unseres Fotos gibt es leider nur den Karo-Buben und den Karo-König, die Dame fehlt. Die beiden müssen also liegenbleiben.
Die freiwerdenden Plätze werden mit den nächsten Karten des Talons wieder gefüllt, und wieder werden Paare gleicher Farbe mit dem Wert von zusammen 11 oder Bube/Dame/König gleicher Farbe gemeinsam herausgenommen und abgelegt.

Die Patience ist aufgegangen, wenn es gelang, alle Karten nacheinander abzulegen und dabei auch den Talon völlig aufzubrauchen. Leider kann man selbst gar nichts zum Gelingen beitragen, sondern hängt ganz von den freiwerdenden Karten ab.

Die Hochzeit

(1 Spiel = 52 Karten)

A

Herz-Dame und Herz-König werden herausgesucht. Die Dame legt man offen aus, der König kommt als letzte Karte unter den Talon.

Z

Alle Karten sind zum Schluß abgelegt, nur Herz-Dame und Herz-König liegen noch nebeneinander.

V

Die Karten werden einzeln vom Talon genommen. Die erste legt man rechts neben die Dame, die 2. schließt sich rechts an usw. Die so entstehende Reihe muß aber schon während des Auslegens wieder abgebaut werden. Dies geschieht auf folgende Weise:

- Kommen 2 Karten nebeneinander, die die gleiche Farbe haben, also z. B. Herz-Bube und Herz-Sieben, werden beide weggenommen und abgelegt; ebenso 2 Karten gleichen Wertes (wenn auch von verschiedener Farbe), also z. B. Kreuz-Fünf und Karo-Fünf.
- Herausgenommen und abgelegt wird auch jede Karte, die zwischen 2 Karten gleicher Farbe oder gleichen Wertes liegt (s. Foto).

Die rechts neben den entstehenden Lücken liegenden Karten schiebt man stets nach links an die vorige Karte heran. Aber Achtung: 2 gleichfarbige oder gleichwertige Karten, die durch das Zusammenschieben nebeneinander kommen, bleiben liegen. Falls man die Geduld verliert, weil die Patience nicht aufgehen will, kann man sich eine Erleichterung erlauben: Man nimmt statt einer auch 2 zwischen gleichfarbigen oder gleichwertigen Karten liegende Karten heraus (z. B. auf unserem Foto die Herz-Fünf und den Pik-König zwischen den beiden Karo-Karten).

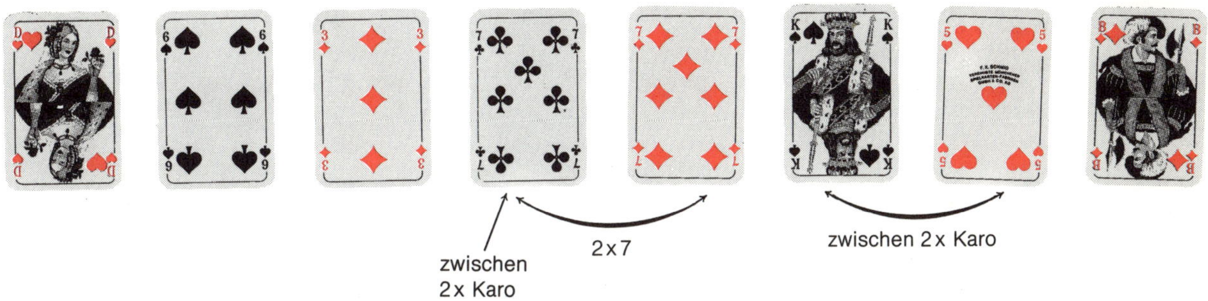

Das Foto gibt ausnahmsweise keine echte Spielsituation wieder, denn wir haben keine Karten herausgenommen, sondern nur diejenigen gekennzeichnet, die herausgenommen werden dürften.

Karo-Drei, Kreuz-Sieben und Karo-Sieben liegen nebeneinander. Hier kann man die Kreuz-Sieben herausnehmen (sie liegt zwischen 2 gleichfarbigen Karten) und die Karo-Sieben an die Karo-Drei heranschieben.

Aber man kann sich auch anders entscheiden: Kreuz-Sieben und Karo-Sieben sind gleichwertig, können also beide weggenommen werden.

Die gute Dreizehn

(1 Spiel = 52 Karten)

A

Die ersten 10 Karten vom Talon werden offen nebeneinander ausgelegt.

Z

Alle Karten werden nacheinander in der Reihe ausgelegt und dabei wieder abgebaut, so daß zum Schluß alle wieder aus dem Bild verschwunden sind.

V

Man prüft, ob in der zuerst ausgelegten Reihe 2 Karten mit den Werten von zusammen 13 liegen. Sie werden herausgenommen und abgelegt. Dabei spielt es keine Rolle, welche Farbe die Karten haben. (Zur Wiederauffrischung: Bube, Dame und König haben die Werte 11, 12 und 13. Der König braucht daher als einziger keine 2. Karte, sondern kann allein abgelegt werden.) Auf unserem Foto könnte man also die Pik-Sechs und die Kreuz-Sieben herausnehmen, dann auch Herz-As und Karo-Dame, Kreuz-Vier und Pik-Neun. In die entstehenden Lücken legt man die nächsten Karten vom Talon, überprüft die Reihe wieder und nimmt wieder die passenden Karten heraus.
Wenn der Talon aufgebraucht ist, müssen alle Karten abgelegt werden können. Sonst ist die Patience nicht aufgegangen. Sie geht häufig auf!

Die oberste Reihe zeigt die erste Auslage. Ihre Auswertung ist oben angegeben. Nach dem Ersetzen der herausgenommenen Karten ergab sich die untere Reihe. Sie bietet sogar noch bessere Möglichkeiten. Nur noch der Karo-Bube und eine der beiden Fünfen bleiben übrig.

Die Elf

(1 Spiel = 52 Karten)

A

12 Karten werden offen ausgelegt, und zwar in 4 Reihen zu je 3 Karten oder 3 Reihen zu je 4 Karten. Allerdings legt man die Bildkarten (Bube, Dame, König) dabei nicht mit aus, sondern steckt sie, wenn sie auftauchen, jeweils unter den Talon.

Z

Nach dem Aufbrauchen des Talons (nach nur einem Durchgang) müssen alle Bilder oben liegen.

V

Zuerst schaut man sich die Auslage daraufhin an, ob 2 Karten dabei sind, deren Werte zusammen 11 ergeben. Die Farbe spielt dabei keine Rolle. Gibt es sie, so werden die beiden nächsten Karten des Talons offen daraufgelegt. Auch die Bildkarten werden jetzt mitbenutzt, wenn sie an die Reihe kommen. So verfährt man immer weiter. Durch das Auflegen der Karten gibt es immer wieder neue Kartenpaare mit dem Wert von zusammen 11. Wo eine Bildkarte aufgelegt wird, scheidet der jeweilige Stapel aus.

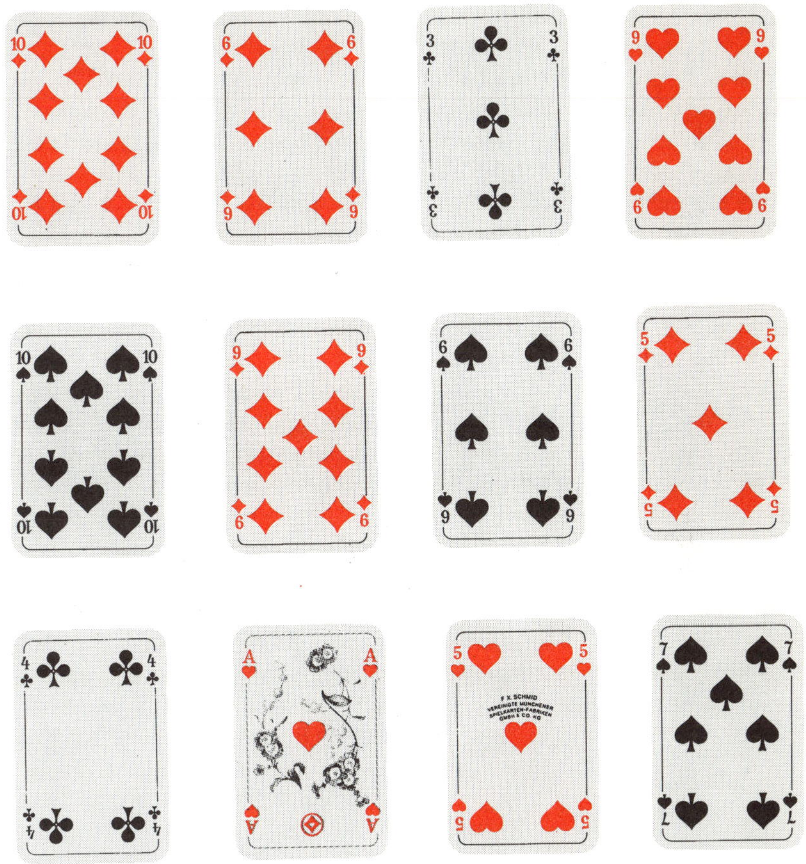

Bei dieser Auslage könnte je eine Karte vom Talon auf Karo-Zehn und Herz-As oder auf Pik-Zehn und Herz-As gelegt werden, ebenso auf Karo-Fünf und Karo-Sechs oder auf Herz-Fünf und Karo-Sechs.

Ria

(1 Spiel = 52 Karten)

A

Die ersten 13 Karten werden vom Talon genommen und als offener Hilfsstoß hingelegt. Die nächsten 4 Karten legt man, ebenfalls offen, nebeneinander neben den Hilfsstoß (s. Foto).

Ist bei den nun insgesamt 5 offenliegenden Karten ein As (oder mehrere), so wird es (werden sie) neben oder unter die bereits ausliegenden Karten gelegt. Freiwerdende Plätze werden mit Karten vom Hilfsstoß neu belegt.

Z

Auf den nacheinander im Spielverlauf erscheinenden Assen sollen reine Familien aufgebaut werden, d. h., auf jedes As kommen die Karten der gleichen Farbe von der Zwei bis zum König. (Auf das Herz-As auf unserem Foto käme also jetzt die Herz-Zwei, darauf die Herz-Drei usw.)

V

Nach der Auslage werden die nächsten 3 Karten zusammen vom Talon genommen und umgedreht. Ist die oberste der 3 Karten ein As oder eine auf ein bereits ausgelegtes As passende Zwei, so wird sie zu den Assen bzw. (wenn es eine Zwei ist) auf ein As gelegt. Konnte diese erste der 3 Karten vom Talon verwendet werden, kann man nun auch die darunterliegende, wenn sie paßt, verwenden – in diesem Fall dann auch die dritte. Dabei darf auch an die 4 Hilfskarten fallend und abwechselnd schwarz und rot angelegt werden, also z. B. unter eine Herz-Zehn eine Pik-Neun oder eine Kreuz-Neun, daran eine Herz-Acht oder eine Karo-Acht. Jede in einer der so entstehenden senkrechten Reihen als unterste, d. h. »frei« liegende Karte kann zum Aufbau der Familien mitbenutzt werden, wenn sie paßt. Innerhalb der 4 senkrechten Reihen können einzelne Karten und ganze rot-schwarze Folgen umgelegt werden. Gelingt es, eine dieser Reihen ganz abzubauen, wird die Leerstelle durch eine Karte des Hilfsstoßes besetzt. Ist der Hilfsstoß aufgebraucht, bleiben die Leerstellen frei.

Achtung: Die Karten des Hilfsstoßes dürfen nur zum Auffüllen der Leerstellen verwendet werden, nicht direkt zum Aufbau der Familien!

Ist nichts mehr auf-, an- oder umzulegen, dreht man die nächsten 3 Karten des Talons um und überprüft wieder alle Möglichkeiten. So geht es weiter. Nicht verwendete Karten kommen jeweils auf einen offenen Ablagestapel. Zum Schluß bleiben 2 Karten übrig. Der Ablagestapel wird umgedreht und als neuer Talon wieder durchgespielt. Die beiden Karten vom ersten Durchgang werden jetzt als erste mit einer neuen vom neuen Talon umgedreht.

Der Talon darf so oft neu durchgespielt werden, bis alle Familien aufgebaut sind oder keine Möglichkeit zum Auslegen mehr besteht.

Die erste senkrechte Hilfsreihe kann unter die mit Pik-Vier endende 4. Reihe gelegt werden. So wird eine Reihe ganz frei. Auf die »Leerstelle« legt man die oberste Karte des Hilfsstoßes, also die Pik-Acht.

Königin, König und Kronprinz (Die kleine Bilderpatience)

(1 Spiel = 52 Karten)

Bei dieser Patience muß man gut aufpassen, denn hier wird gleichzeitig aufsteigend und absteigend aufgebaut.

A

Zunächst sucht man die Damen, Fünfen und Sechsen heraus und legt sie in 3 Reihen offen aus: in die erste Reihe die 4 Damen, darunter die Fünfen, ganz unten die Sechsen (s. Foto). Damit das Schlußbild schöner aussieht, legt man jeweils die gleiche Farbe untereinander, also z. B. Karo-Fünf und Karo-Sechs unter Karo-Dame.

Z

Die reinen (oder »farbechten«) Familien sollen aufgebaut werden: auf den Fünfen absteigend bis zum König, auf den Sechsen aufsteigend bis zum Buben. Zum Schluß liegen jeweils Dame, König und Bube einer Farbe untereinander.

V

Die Karten werden einzeln vom Talon abgehoben, und bei jeder wird geprüft, ob sie zum Aufbauen der Familien verwendet werden kann. Die Karten, die im Augenblick nicht brauchbar sind, bilden einen offenen Ablagestapel, dessen oberste Karte stets »mitspielt«, d. h. aufgelegt werden kann, wenn sie irgendwohin paßt. Ist der Talon zu Ende, wird der Ablagestapel gemischt und wieder als Talon verwendet. Nach dreimaligem Durchspielen des Talons müssen alle Karten aufgebraucht sein und die Bilder oben liegen.

Königin, König und Kronprinz (Die kleine Bilderpatience)

Bei unserem Spiel wurde vom Talon gerade die Pik-Vier auf die Pik-Fünf aufgelegt. Darauf kann also jetzt die oberste Karte des Ablagestapels (Pik-Drei) kommen.

Ablagestapel

Hermine

(1 Skatspiel = 32 Karten)

A

Man legt 3 Reihen zu je 10 Karten untereinander. Die restlichen 2 Karten kommen links und rechts neben die oberste Reihe (s. Foto).

Z

Auf den 4 Siebenen als Grundkarten sollen die reinen Familien aufgebaut werden.

V

Die freiliegenden Karten, also die jeweils untersten der 10 senkrechten Reihen können verwendet werden.
Sobald eine Sieben freiliegt, wird sie als Grundkarte herausgelegt, und auf ihr folgen dann die Acht, Neun usw. bis zum As. Um an die Karten heranzukommen, sie »freizuspielen«, darf man an die senkrechten Reihen der Auslage – auch an die beiden einzelnen Karten oben rechts und links – fallend und farbecht anlegen, d. h. von einer Reihe zur anderen umlegen. Dabei können nicht nur einzelne Karten, sondern auch Folgen umgelegt werden. Gelingt es, eine der senkrechten Reihen ganz aufzulösen, bleibt sie leer, doch mit einer Ausnahme: Ein einziges Mal darf ein freiliegendes As, das ja als letzte Karte seiner Familie gebraucht wird und deshalb eine Reihe blockieren kann, auf eine solche »Leerstelle« gelegt werden.
Kann man keine weiteren Karten mehr um- oder auflegen, werden die restlichen Karten der Auslage (nicht die angefangenen Familien!) zusammengenommen, gemischt und neu ausgelegt. Nach dieser 2. Auslage muß es möglich sein, alle Karten zu verwenden.

Hermine

Die Pyramide

(1 Spiel = 52 Karten)

A

Die ersten 15 Karten werden in Form einer Pyramide ausgelegt, wie das Foto es zeigt.

Z

Auf bestimmten Grundkarten sollen reine Familien aufgebaut werden.

V

Man schaut nach, ob unter den Karten der Pyramide ein Wert mehrfach vertreten ist. Was am häufigsten ausliegt, wird herausgenommen und bildet die Grundkarten. Liegen beispielsweise 2 Asse und 3 Fünfen aus, ist es klar, daß man die Fünf als Grundkarte wählt und die 3 Fünfen aus der Auslage nimmt. Bei 2 Assen und 2 Fünfen ist es schon schwieriger. In einem solchen Fall – wenn ein Wert zweimal in der gleichen Anzahl ausliegt – muß man sich genau anschauen, was für Folgekarten bereits ausliegen, und danach die Entscheidung treffen. Folgekarten, die auf die Grundkarten passen, können ebenfalls sofort aus der Pyramide genommen und auf die Grundkarte aufgelegt werden. Freiplätze, die durch das Herausnehmen entstehen, werden mit den nächsten Karten des Talons wieder belegt.
Gibt es nichts Passendes mehr, nimmt man eine Karte nach der anderen vom Talon und prüft, ob sie brauchbar ist. Was nicht zu verwenden ist, kommt auf einen Ablagestapel, dessen oberste Karte stets »mitspielt«. Nicht vergessen, die 4. Grundkarte herauszulegen, wenn sie auftaucht! Sobald es einen Ablagestapel gibt, werden Lücken in der Pyramide von ihm gefüllt und nur, wenn er aufgebraucht ist, wieder vom Talon.
Der Talon darf nur einmal durchgespielt werden. Dann muß die Pyramide abgebaut sein, und die Familien müssen vollständig sein.

Die Pyramide

Hier braucht man nicht lange zu überlegen. Die Acht ist dreimal vorhanden und wird daher als Grundkarte gewählt.

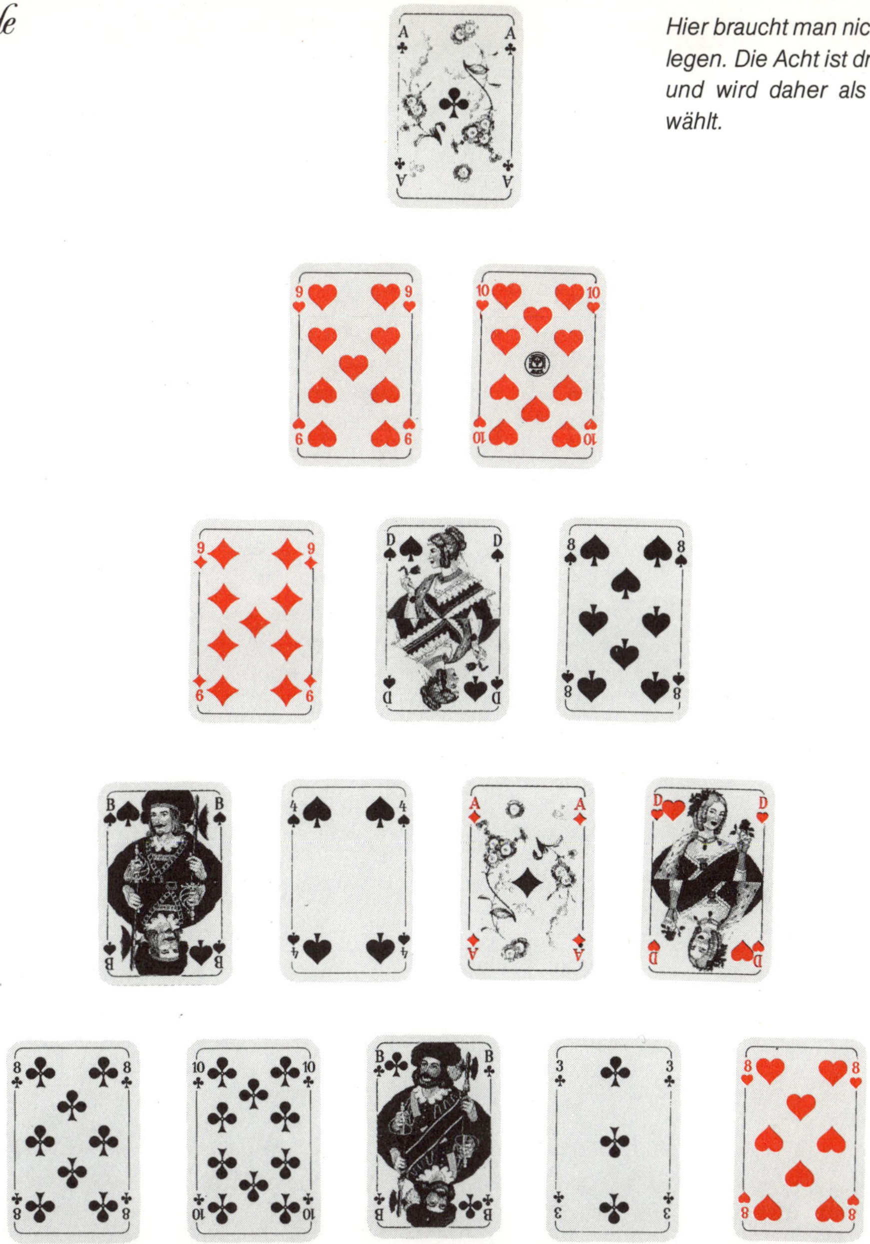

Das Lieschen

(2 Spiele = 104 Karten)

Dies ist die erste hier vorgestellte Patience mit 2 Spielen. Sie ist an sich einfach. Aber durch die doppelte Zahl der Karten muß man etwas mehr aufpassen.

A

Die 8 Asse werden herausgesucht und in 2 Reihen als Grundkarten ausgelegt. Darunter kommen als Hilfskarten 4 Päckchen zu je 5 Karten, von denen jeweils die oberste offen liegt.

Z

Auf den Assen sollen die reinen Familien bis zum König aufgebaut werden.

V

Zuerst schaut man nach, ob eine oder mehrere der offenliegenden Hilfskarten auf die Grundkarten paßt/passen. Ist dies der Fall, wird jeweils die nächste Karte des entsprechenden Päckchens umgedreht und kann jetzt mitverwendet werden. Die offenliegenden Karten der Hilfspäckchen können auch untereinander umgelegt werden; das bedeutet, daß auf ihnen Karten derselben Familie fallend abgelegt werden können, sowohl von anderen Hilfspäckchen als auch vom Talon. Denn sobald nichts mehr ab- oder umgelegt werden kann, werden die Karten einzeln vom Talon abgehoben. Was paßt, kommt auf die Grundkarten oder die begonnenen Familien, nicht verwendbare Karten kommen auf einen Ablagestapel. Sobald ein Hilfspäckchen ganz aufgelöst ist, kann man die freigewordene Stelle mit einer Karte vom Talon neu besetzen.

Ist der Talon aufgebraucht, wird der Ablagestapel umgedreht, und man beginnt von neuem. Dreimal insgesamt darf der Talon durchgespielt werden. Dann müssen alle Familien aufgebaut werden können.

Das Lieschen

Unser Foto zeigt das Spiel beim 2. Durchgang. Gerade wurde oben links die Herz-Neun aufgelegt. Jetzt kann man die Anschlußkarte vom ersten Hilfspäckchen nehmen, danach die oberste Karte des Ablagestapels. Bei der Pik-Familie fehlt nur die Sieben, um den Anschluß an das 2. Hilfspäckchen zu finden. Unter der Pik-Acht liegen auch noch die Neun und die Zehn, so daß man mit dem nächsten Hilfspäckchen weitermachen kann.

Die Treppe (Die kleine Harfe)

(1 Spiel = 52 Karten)

A

28 Karten werden verdeckt in Form einer umgekehrten Treppe ausgelegt, wie es unser Foto zeigt.

Z

Auf den im Spielverlauf erscheinenden Assen sollen die reinen Familien aufgebaut werden.

V

Wenn bei den am Ende der einzelnen senkrechten Reihen offenliegenden Karten ein As ist, wird es sofort als Grundkarte herausgelegt. In diesem Fall wird die nächste Karte umgedreht. Dann prüft man, ob Karten umgelegt werden können, denn es ist erlaubt, an die offenen Karten anzulegen, und zwar absteigend und immer abwechselnd rot an schwarz und umgekehrt. Dabei können auch passende Folgen auf einmal umgelegt werden. Sobald eine der verdeckt liegenden Karten frei wird, wird sie umgedreht und spielt mit. Gelingt es, eine der senkrechten Reihen ganz abzubauen, darf auf die Leerstelle nur ein König gelegt werden, an den dann wieder angelegt werden kann.
Ist nichts mehr um- oder auf die Grundkarten aufzulegen, nimmt man 3 Karten vom Talon und dreht sie zusammen um. Ist die oberste Karte ein As, wird sie als Grundkarte herausgelegt. Paßt sie auf eine bereits begonnene Familie, wird sie aufgelegt. Sie kann selbstverständlich auch an eine der senkrechten Reihen angelegt werden, wenn sie dorthin paßt. Konnte man die oberste Karte des Dreierpäckchens verwenden, prüft man die nächste und – falls auch sie irgendwo ihren Platz fand – auch die 3. So wird der Talon durchgespielt. Nicht brauchbare Karten bilden einen Ablagestapel, dessen oberste Karte stets mitverwendet werden kann.
Ist der Talon aufgebraucht, dreht man den Ablagestapel um und beginnt mit ihm als Talon von neuem. Dies darf so oft wiederholt werden, bis entweder die Patience aufgegangen ist (also alle Familien aufgebaut sind) oder keine Möglichkeit mehr besteht, weiterzumachen.

Die Treppe (Die kleine Harfe)

Das Pik-As kann als Grundkarte herausgelegt werden. Die darüberliegende Karte wird umgedreht. An die Herz-Drei passen sowohl die Kreuz-Zwei als auch die Pik-Zwei. Es empfiehlt sich jedoch, die Pik-Zwei anzulegen, da man möglichst die längeren Reihen abbauen sollte, um eventuell obenliegende Asse bald freizubekommen.

Das Königreich

(2 Spiele = 104 Karten)

A

Die 8 Zweien werden aus dem Spiel genommen und in 2 senkrechten Reihen ausgelegt. Zwischen den beiden Reihen läßt man genügend Platz für 2 weitere senkrechte Kartenreihen. (Es empfiehlt sich, die roten und die schwarzen Zweien jeweils in einer Reihe untereinander zu legen.)

Z

Auf den im Spielverlauf erscheinenden Assen sollen im Rot-Schwarz- oder Schwarz-Rot-Wechsel Familien aufgebaut werden, so daß zum Schluß in der Mitte 2 Reihen Könige liegen.

V

Nach dem Auslegen der Zweien werden die Karten einzeln vom Talon abgehoben. Erscheint ein As, legt man es auf einen Platz der beiden freigelassenen Reihen, und zwar ein rotes As neben eine schwarze Zwei und umgekehrt. Die Zwei wird auf das As gelegt. Auf den freigewordenen Platz der Zwei kommt die oberste Karte des aus den nicht zu verwendenden Karten gebildeten Ablagestapels als Hilfskarte. An sie kann – ebenfalls im Rot-Schwarz- bzw. Schwarz-Rot-Wechsel – fallend angelegt werden. Der Aufbau solcher Hilfsreihen ist auf jedem der 8 Plätze möglich, auf dem zunächst die Zweien liegen, sobald die Zwei auf ein As aufgelegt werden kann. Jede der Hilfskarten-Reihen, die so entstehen, kann als ganze an eine andere angelegt werden, wenn ihr höchster Wert, also derjenige der Karte, die als erste hingelegt wurde, an den niedrigsten der anderen Reihe paßt.

Der Talon darf nur einmal durchgespielt werden. Dabei müssen alle Karten aufgebraucht und auf den Assen aufgebaut sein.

Diese Patience erfordert zwar noch keine Kombinationsgabe, aber wohl sehr genaues Aufpassen. Es kann an so vielen Stellen gleichzeitig auf-, an- oder umgelegt werden, daß man ganz bei der Sache sein muß. Sie geht nicht allzuoft auf, dauert etwas länger und ist doch nicht langweilig. Sie ist eine gute Vorbereitung auf Schwierigeres.

2 Zweien liegen noch auf ihrem ursprünglichen Platz. Auf alle anderen Plätze wurden nach und nach Karten vom Ablagestapel gelegt, und zum Teil wurde daran angebaut. Von den Familien ist bisher nur in der oberen Reihe die Karo-Familie etwas vorangekommen.

Doppelpäckchen

(2 Spiele = 104 Karten)

A

Die gemischten Karten werden in 2 Hälften geteilt und die beiden Päckchen offen übereinander gelegt. Dann nimmt man die oberste Karte jedes Päckchens und legt sie rechts daneben.

Z

Beide Päckchen sollen in einem Durchgang paarweise abgebaut werden.

V

Man sieht nach, ob bei den 4 offenliegenden Karten 2 gleiche Werte vorhanden sind, also 2 Fünfen, 2 Könige usw. Ist das der Fall, nimmt man beide Karten weg und legt sie ab. Wenn eine der beiden einzelnen Karten dabei ist, wird die nächste Karte von dem entsprechenden Päckchen genommen und danebengelegt.
Gibt es keine gleichwertigen Kartenpaare, packt man die nächste Karte des oberen Päckchens auf die zuerst danebengelegte Karte und danach, wenn wieder nichts zu machen ist (oder nichts mehr), die oberste Karte des unteren Päckchens. So werden abwechselnd die beiden Päckchen umgelegt und dabei abgelegt. Sollten einmal 3 gleichwertige Karten gleichzeitig zur Verfügung stehen, so dürfen doch nur 2 davon genommen werden.
Ist eines der beiden linken Päckchen früher als das andere aufgebraucht, kann man entweder mit den 3 restlichen Päckchen weiterspielen oder das größte teilen, so daß man wieder 4 Päckchen hat.
Wenn nicht alle Karten beim ersten Durchgang abgelegt werden können, ist die Patience nicht aufgegangen.

4 Kartenpaare konnten bisher abgelegt werden. Jetzt liegen wieder 2 gleichwertige Karten oben und können weggenommen werden.

Faust

(1 Spiel = 52 Karten)

A

Bei dieser Patience sind die Siebenen Grundkarten. Sie werden in einer waagerechten Reihe ausgelegt.

Z

An die Siebenen sollen die reinen Familien angebaut werden: nach oben fallend bis zum As, nach unten steigend bis zum König. Zum Schluß liegen also 4 senkrechte Kartenreihen nebeneinander, von denen jede nur aus Karten einer Farbe vom As bis zum König besteht.

V

Die Karten werden einzeln vom Talon abgehoben. Sechsen und Achten kann man sofort auf ihre Plätze legen. Karten, die im Augenblick nicht zu verwenden sind, kommen auf einen Ablagestapel. Die oberste Karte des Ablagestapels darf stets mitspielen. So spielt man den ganzen Talon durch.
Wenn der Talon zu Ende ist, kann man den Ablagestapel umdrehen und noch einmal mit dem Abheben beginnen. Bei diesem 2. Durchgang darf aber nur jede 2. Karte des Talons benutzt werden. Dabei muß es möglich sein, den auch jetzt wieder entstehenden Ablagestapel abzubauen und die Familien fertig auszulegen.

So sah bei unserem Spiel das Bild nach dem ersten Durchspielen des Talons aus. Nicht sehr günstig, denn es konnten nur wenige Karten ausgelegt werden. Diese Patience ging nicht auf!

Moritz

(1 Spiel = 52 Karten)

Bei dieser Patience gibt es keine besondere Auslage.

Z

Auf den im Spielverlauf erscheinenden 4 Assen sollen die reinen Familien bis zum König aufgebaut werden.

V

Vom Talon werden immer 3 Karten zusammen weggenommen und umgedreht. Jeweils die 3., also die nach dem Umdrehen oben liegende Karte kann verwendet werden, keine weitere (auch wenn sie auf die Auslage passen würde). Erscheint bei den zu verwendenden Karten ein König, wird er herausgelegt. Die nicht verwendeten Karten kommen auf einen Ablagestapel.
In einer 2. Reihe über den Königen wird nach und nach jeweils das farbgleiche As zu seinem König gelegt. Ein As darf aber erst dann ausgelegt werden, wenn der König der gleichen Farbe bereits liegt.
Dadurch, daß nur jede 3. Karte verwendet werden darf, kann das Spiel sehr lange dauern. Um es etwas zu erleichtern, darf an die Könige fallend und »farbecht« angelegt werden. Sind alle Karten einer Farbe ausgelegt – teils auf oder an das As, teils an den König –, legt man den unteren Teil, also König mit Folge, auf oder an den oberen, und die Familie ist fertig.
Ist der Talon durchgespielt, wird der Ablagestapel umgedreht und neu als Talon benutzt. Da ein Spiel 52 Karten enthält und jeweils 3 Karten zusammen abgehoben werden, bleibt am Ende des ersten Durchgangs eine Karte des Talons übrig. Man dreht den Ablagestapel um und nimmt von ihm 2 Karten dazu. Die Karten können in dieser Art so oft durchgespielt werden, wie es nötig ist oder wie es das Spiel weiterbringt. Es kann nämlich der Fall eintreten, daß zum Schluß eine kleine und durch 3 teilbare Zahl von Karten übrig bleibt, von denen die jeweils 3. Karte nicht zu brauchen ist. Dann kann man den Talon so oft durchspielen wie man will, es geht nicht mehr weiter, die Patience kann nicht aufgehen.

Moritz

Alle Könige und Asse sind herausgespielt, und eine Familie ist schon weit vorangekommen. Die oberste der zuletzt umgedrehten Karten des Talons ist die Karo-Vier; wenn sie jetzt angelegt wird, ist die Karo-Familie vollständig, die Folge Fünf bis König kann auf die Folge As bis Vier umgelegt werden.

Jaconde

(1 Spiel = 52 Karten)

Wie bei der vorigen Patience beginnt das Spiel ohne besondere Auslage.

Z

Der Talon soll durch paarweises Ablegen gleicher Werte aufgelöst werden.

V

Die Karten werden einzeln vom Talon abgehoben und in 2 senkrechten Reihen schuppenförmig untereinander gelegt, jeweils eine Karte links, die nächste rechts. Kommen dabei in einer Reihe 2 Karten mit gleichem Wert untereinander zu liegen, so werden beide herausgenommen und abgelegt. Die unterste Karte der anderen Reihe wird nun in die Reihe gelegt, aus der die beiden Karten weggenommen wurden (damit die Länge der beiden Reihen gleich bleibt). Nun kann es vorkommen, daß beim Verschieben dieser Karte von der linken in die rechte Reihe oder umgekehrt eine Karte wieder unter einen gleichen Wert kommt. In diesem Fall können auch diese beiden Karten herausgenommen werden usw.
Ist der Talon zu Ende, werden beide Reihen zusammengeschoben, die Karten der rechten Reihe werden unter die der linken gesteckt, der ganze Stoß wird herumgedreht und als neuer Talon zum 2. Mal durchgespielt. Dies kann man so oft wiederholen, wie es geht. Wenn die Patience aufgeht, bleiben am Schluß 2 gleichwertige Karten übrig, die man ablegen kann.
Diese Patience geht oft auf, aber man braucht viel Geduld. Meist müssen die Karten immer wieder von neuem ausgelegt werden, und die Reihen werden nur langsam kürzer. Es ist durchaus möglich, daß man am Anfang mehr als einmal den Talon durchspielen muß, bevor das erste passende Paar abgelegt werden kann. Trotzdem macht das Spiel Spaß.

Jaconde

Karo-Dame und Herz-Dame werden abgelegt. Die Kreuz-Acht kommt nach links unter die Karo-Acht, und auch diese beiden werden weggenommen. Jetzt kommt die Herz-Vier nach links unter die Pik-Drei und in die rechte Reihe die nächste Karte vom Talon.

Hunde ins Körbchen

(1 Spiel = 52 Karten)

A

Die 4 Asse werden offen ausgelegt, je 2 unter- und 2 übereinander.

Z

Auf den Assen sollen Familien bis zum König aufgebaut werden, immer abwechselnd eine rote und eine schwarze Karte. Auf das Herz-As z. B. legt man die Kreuz- oder die Pik-Zwei, darauf die Herz- oder die Karo-Drei usw.

V

Eine Karte nach der anderen wird vom Talon abgehoben, und man schaut nach, ob man sie verwenden kann. Was im Augenblick nicht aufgelegt werden kann, legt man an eine der 4 Ecken des Kartenbildes. Die Päckchen, die hier allmählich entstehen, muß man immer wieder daraufhin überprüfen, ob eine Karte davon beim Aufbau der Familien gebraucht wird.

Um sich das Spiel zu erleichtern, legt man die nicht verwendbaren Karten nicht wahllos an eine der 4 Ecken, sondern sortiert sie nach ihren Werten: An die eine Ecke legt man die Dreien und Vieren, an die nächste die Fünfen, Sechsen und Siebenen und so weiter.

Ist der Talon zu Ende, nimmt man die 4 Eckpäckchen zusammen – die niedrigsten Werte ganz unten, Damen, Buben und Könige ganz oben –, dreht sie um und beginnt von neuem mit dem Abheben vom neuen Talon. Diesmal sollte die Patience aufgehen.

Wer sich das Spiel schwieriger gestalten will, kann auf die Asse statt im Rot-Schwarz-Wechsel auch »farbecht« auflegen, also Herz auf Herz, Kreuz auf Kreuz usw.

Hunde ins Körbchen

Nach dem ersten Durchgang durch den Talon sieht es nicht schlecht aus: Die Dreien und Vieren sind alle aufgelegt, so daß nur 3 Päckchen übrigblieben.

Harlekin

(1 Spiel = 52 Karten)

A

45 Karten des Talons werden in 3 waagerechten Reihen von je 5 Dreierpäckchen ausgelegt. Die oberste Karte jedes Päckchens liegt offen, die darunterliegenden Karten jeweils verdeckt. Die restlichen 7 Karten bilden einen verdeckt liegenden Hilfsstoß.

Z

Die 3 Reihen und der Hilfsstoß müssen paarweise abgebaut werden.

V

Man sieht zunächst nach, ob es bei den offenliegenden 15 Karten 2 rote oder 2 schwarze gleichen Wertes gibt, also z. B. 2 rote Damen oder 2 schwarze Fünfen. Alle Paare dieser Art werden herausgenommen und abgelegt. Die darunterliegenden Karten werden umgedreht, und man prüft wieder, ob sich gleichwertige Paare finden. Gibt es im Spielverlauf Freistellen in den 3 Reihen, wird jeweils die oberste Karte vom Hilfsstoß genommen und auf den freien Platz gelegt.
Die Patience ist aufgegangen, wenn es gelang, alle Karten paarweise abzulegen.

Harlekin

Die Patience geht nicht auf, das Spiel ist zu Ende, obwohl es sich noch im Anfangsstadium befindet! Die Kreuz-Fünf wurde vom Hilfsstoß auf eine Freistelle gelegt. Jetzt gibt es keine 2 roten oder schwarzen Karten gleichen Wertes mehr.

Der Planet

(2 Spiele = 104 Karten)

Diese Patience erfordert zwar immer noch keine Kombinationsgabe, wohl aber Aufmerksamkeit durch die etwas ungewöhnliche Art des Auf- und Anlegens. Ihr Plus: ein schönes Schlußbild.

A

Die 8 Könige werden aus dem Spiel genommen und sternförmig offen ausgelegt (s. Mitte des Fotos). Sie bilden die Mitte eines größeren Kartenbildes, brauchen also viel Raum um sich.

Etwas abseits legt man die ersten 5 Karten des Talons offen als Hilfskarten aus.

Z

Auf den quer über die Könige gelegten Zehnen als Grundkarten sollen die Karten der gleichen Farbe fallend bis zum As aufgebaut werden. Die Damen und Buben werden an die Zehnen angelegt (siehe Foto des Schlußbildes).

V

Die Karten des Talons werden einzeln abgehoben. Die Zehnen werden sofort bei ihrem Erscheinen mit der Querseite an einen König ihrer Farbe (also beispielsweise Herz-Zehn an Herz-König) angelegt. Die Zehnen sind, wie oben gesagt, die Grundkarten. Liegt eine Zehn aus – eventuell bereits mit Folgekarten darauf – und eine Dame derselben Farbe erscheint, so wird diese ebenfalls mit der Breitseite an die Zehn gelegt. Daneben kommt dann noch der Bube. Zehn, Dame und Bube müssen in dieser Reihenfolge gelegt werden: die Dame erst, wenn die Zehn bereits liegt, der Bube erst, wenn Zehn und Dame da sind. Was nicht verwendet werden kann, kommt auf einen offenen Ablagestapel.

Doch es gibt ja noch die am Anfang beiseitegelegten Hilfskarten. Auf ihnen kann man – ebenfalls farbecht, aber steigend – Karten ablegen. Aber Achtung: Im Gegensatz zu vielen anderen Patiencen können diese Hilfskarten und die auf ihnen abgelegten Karten nicht untereinander umgelegt werden. Was auf den 5 Hilfskarten liegt, bleibt auf seinem Platz, bis es auf den Grundkarten verwendet werden kann.

Freiwerdende Plätze bei diesen Hilfsstapeln werden jeweils mit einer Karte vom Ablagestapel wieder besetzt.

Nach dem Durchspielen des Talons wird der Ablagestapel umgedreht und darf noch einmal als neuer Talon durchgespielt werden. Dann müssen alle Karten aufgebraucht und das Schlußbild muß erreicht werden.

Der Planet

Die Arena

(2 Spiele = 104 Karten)

Die Arena ist in ihrer Art ganz ähnlich wie das Kolosseum (siehe Seite 91).

A

4 Zweien und 4 Könige – je einer von jeder Farbe – werden in die Mitte des Bildes gelegt: die Zweien zu je 2 unter- und nebeneinander, von den Königen 2 senkrecht untereinander oberhalb der Zweien, die beiden anderen unterhalb.

Z

Auf den Zweien in der Mitte wird im Rot-Schwarz-Wechsel aufgebaut, an die Könige – ebenfalls abwechselnd rot an schwarz und umgekehrt – seitwärts angelegt. Im Schlußbild liegen dann in der Mitte die 4 Asse, darum in 2 ovalen Ringen 4 rot-schwarze bzw. schwarz-rote Familien (s. Foto).

V

Vom Talon werden immer 3 Karten zugleich abgenommen und offen hingelegt. Passende Karten werden verwendet und vom Talon ersetzt, so daß immer 3 Karten offen liegen. Ist keine der 3 Karten mehr brauchbar, kommen sie auf einen Ablagestapel, und man zieht 3 neue Karten vom Talon.

Der Ablagestapel darf, wenn der Talon aufgebraucht ist, zweimal umgedreht und neu durchgespielt werden. Da der Reiz der Patience in ihrem Schlußbild liegt, muß man darauf achten, daß man die Karten einigermaßen exakt anlegt, um zum Schluß auch die erstrebte »Arena« zu erhalten.

Die Arena

Schlußbild der Arena

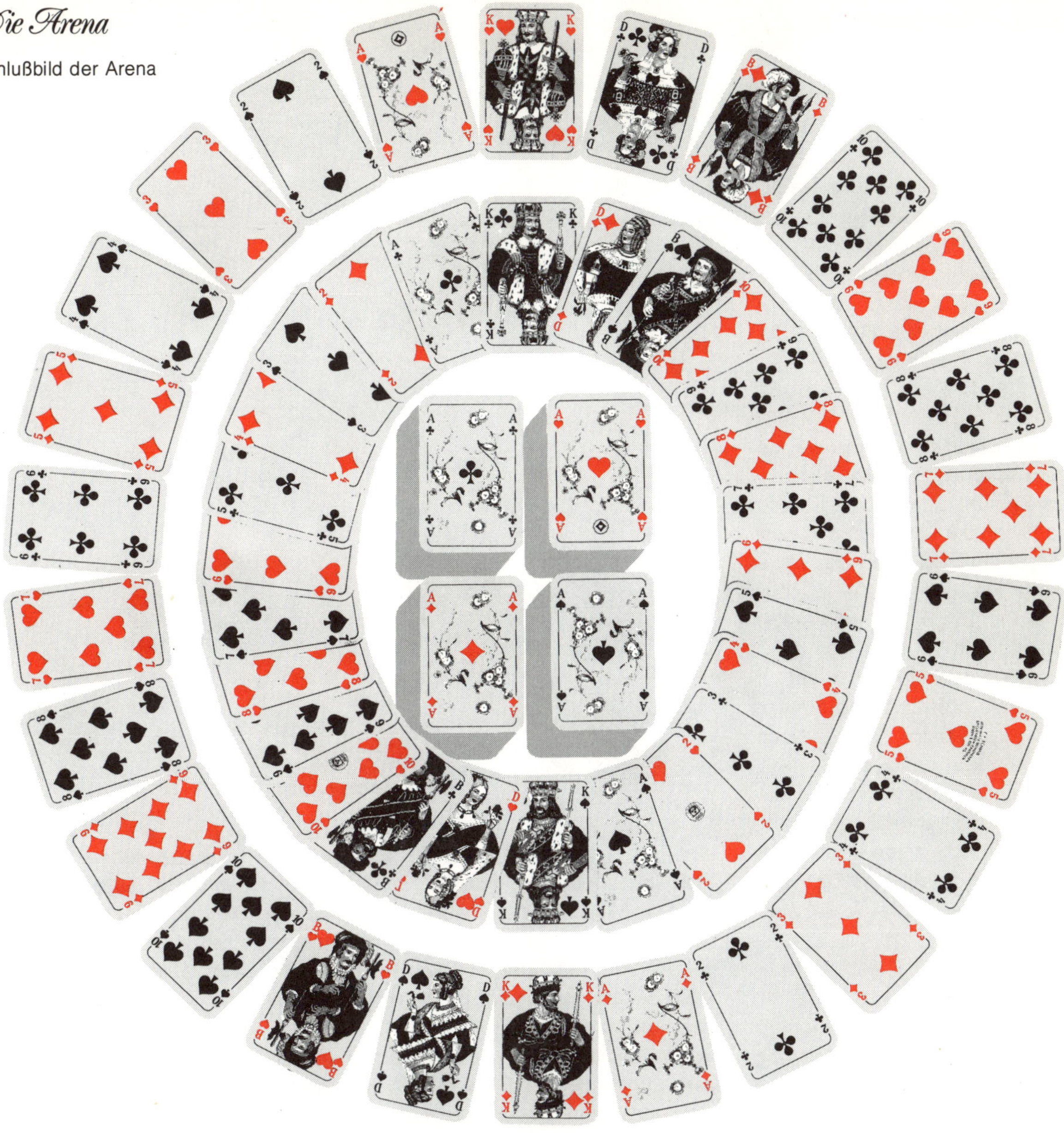

Der Briefumschlag

(2 Spiele = 104 Karten)

A

Die 8 Buben und ein Pik-As werden herausgesucht und wie auf dem Foto ausgelegt: das As in die Mitte, die Buben schräg an seine 4 Ecken, und zwar innen die schwarzen, außen die roten. Etwas seitwärts legt man noch 6 Hilfskarten offen aus.

Z

Das Ziel ist hier wie bei »Planet« wieder ein schönes Bild: die Rückseite eines Briefumschlags. Den äußeren Rand bilden die Damen und Könige, die bei ihrem Erscheinen dorthin gelegt werden (jede Farbe an eine Seite). Die Diagonalen der beiden Klappen sollen am Ende von den 8 Zweien gebildet werden, d. h. auf den Buben wird abfallend und farbecht (z. B. Kreuz-Bube, Kreuz-Neun, Kreuz-Acht usw.) bis zur Zwei aufgebaut. Auf das Pik-As in der Mitte werden alle 8 Asse – abwechselnd ein rotes und ein schwarzes – aufgelegt. Das letzte As, ein rotes, ist das »Siegel« des Briefes.

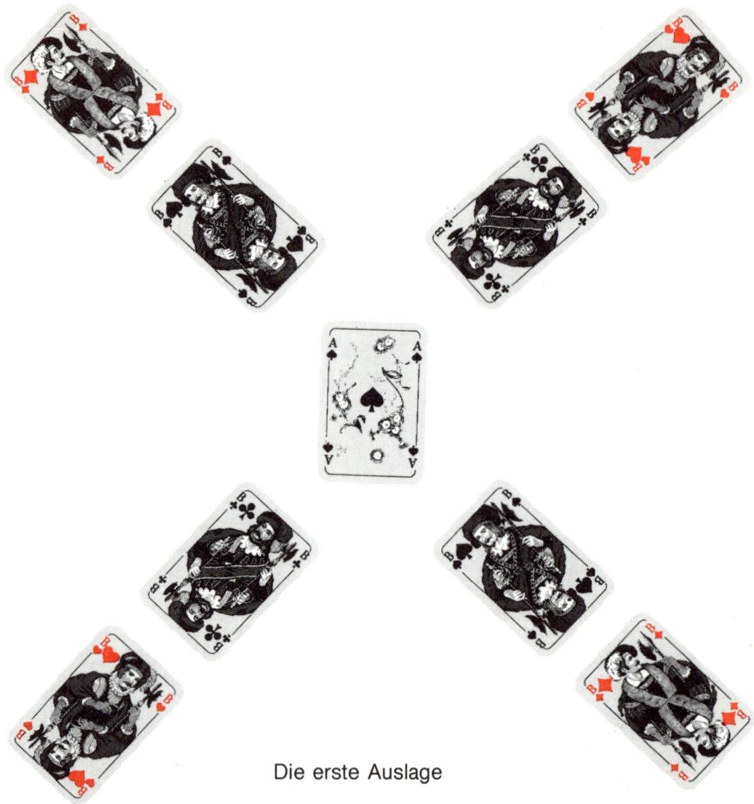

Die erste Auslage

V

Zunächst schaut man nach, ob bei den Hilfskarten vielleicht eine Zehn, eine Dame, ein König oder ein rotes As liegt und sofort an seinen Platz gelegt werden kann. Eine Zehn käme auf einen Buben derselben Farbe, eine Dame oder ein König auf einen Platz im äußeren Rahmen, ein rotes As in die Mitte auf das Pik-As. Entstehende Lücken bei den Hilfskarten werden vom Talon gefüllt, solange er noch nicht aufgebraucht ist, danach vom Ablagestapel.

Die Karten des Talons werden einzeln abgehoben und geprüft. Was nicht verwendet werden kann, kommt auf einen Ablagestapel.

Auf den Hilfskarten können ebenfalls Karten – farbecht, aber steigend – abgelegt werden. Aber die Hilfskarten und die darauf abgelegten Karten dürfen nicht untereinander ausgetauscht oder umgelegt werden.

Ist der Talon aufgebraucht, darf der Ablagestapel umgedreht und noch einmal als Talon durchgespielt werden. Danach müssen alle Karten im Bild untergebracht sein.

Der Briefumschlag

Fertiges Bild

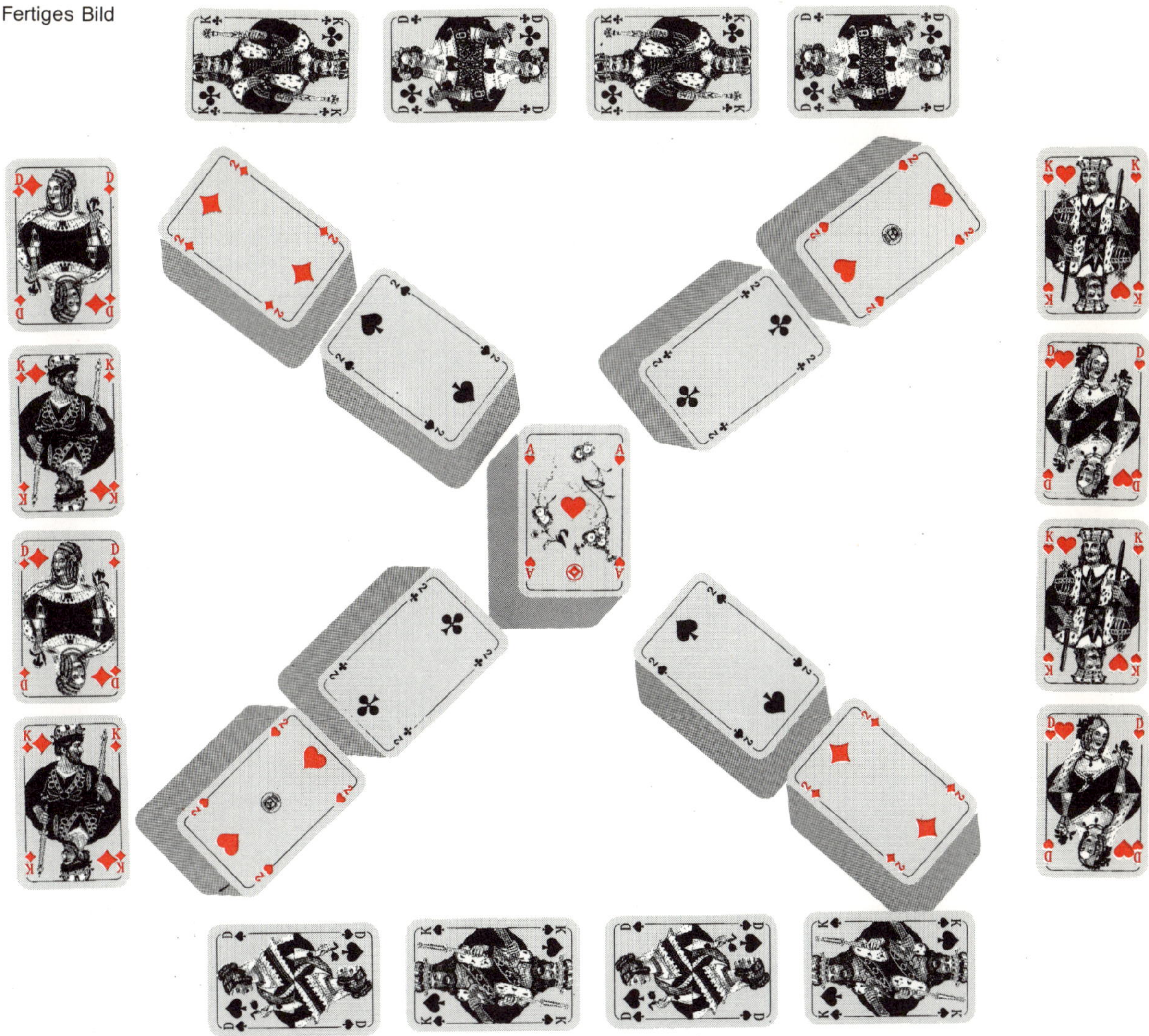

Das Komturkreuz

(2 Spiele = 104 Karten)

A

Von jeder Farbe werden ein König und eine Zwei aus dem Spiel genommen und wie auf dem Foto ausgelegt.

Z

Auf den 4 Königen werden fallend gemischte Familien bis zum As aufgebaut, auf den Zweien steigend bis zum König. Die verbleibenden 4 Asse werden in die Diagonale zwischen die Könige gelegt. Das Bild erinnert an einen Ordensstern, daher der Name.

V

Die Karten des Talons werden einzeln abgehoben und umgedreht. Was nicht im Kartenbild verwendet werden kann, kommt auf einen Ablagestapel. Wenn ein As erscheint, kann man es, wenn man will, sofort zwischen die Könige legen, darf es aber dann von diesem Platz nicht mehr wegnehmen, um es als Schlußkarte einer Familie zu benutzen.

Die offenliegende oberste Karte des Ablagestapels darf mitbenutzt werden. Wenn es daher vorkommt, daß eine Karte vom Talon auf beide Päckchen der entsprechenden Farbe im Kartenbild paßt, sollte man nachsehen, ob vielleicht die Karte des Ablagestapels eine brauchbare Anschlußkarte wäre, bevor man entscheidet, ob man die Karte vom Talon auf die steigende oder die fallende Folge legt.

Nach dem Durchspielen des Talons darf der Ablagestapel zweimal umgedreht und als neuer Talon verwendet werden. Nach insgesamt 3 Durchgängen müssen alle Karten im »Komturkreuz« untergebracht sein.

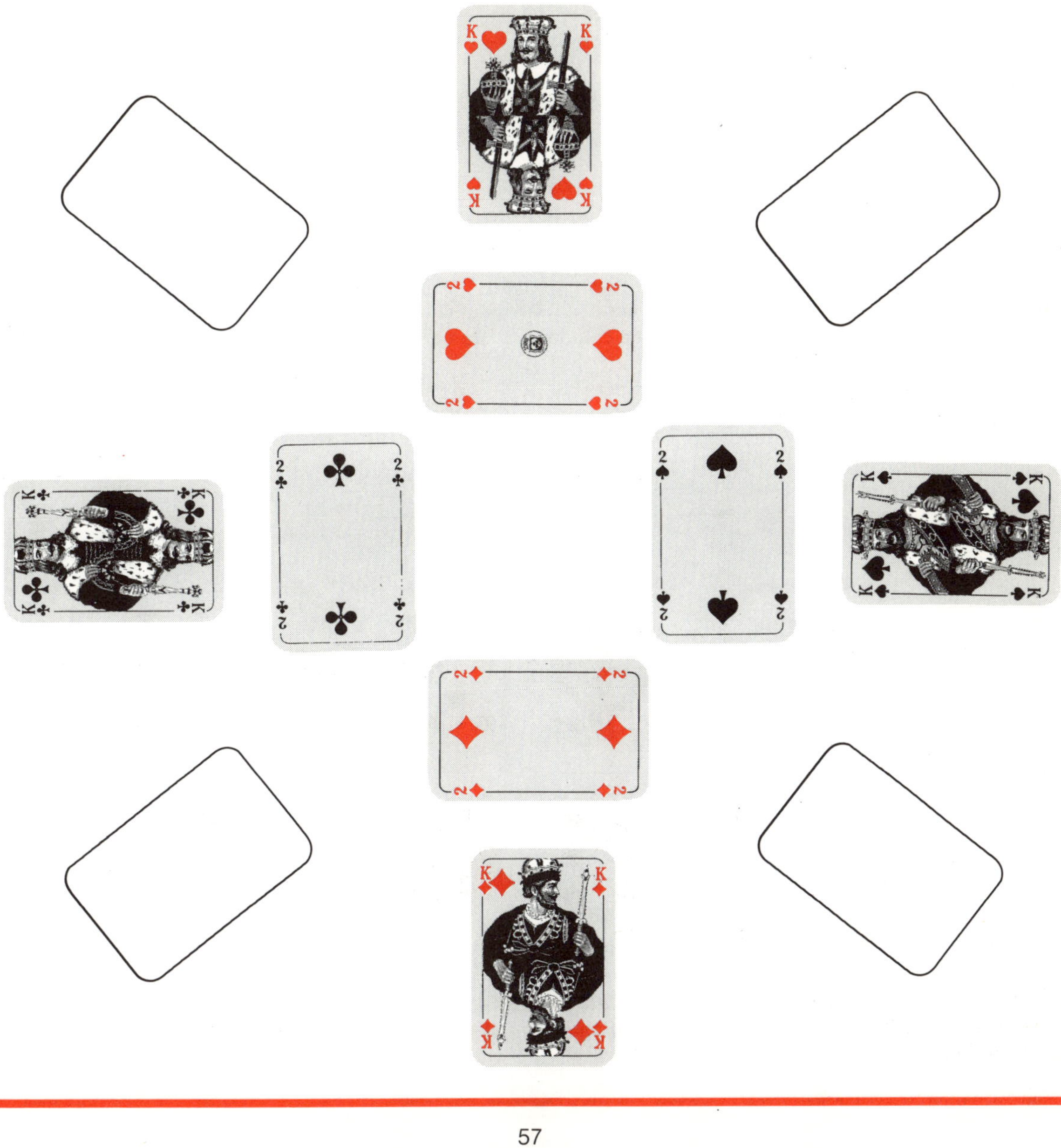

Die Vierzehn

(2 Spiele = 104 Karten)

A

24 Karten werden in 3 Reihen zu je 8 Karten offen ausgelegt.

Z

Ein wirkliches Ziel, auf das man hinarbeitet, gibt es bei dieser Patience nicht, auch kein eigentliches »Aufgehen«, nur die Notwendigkeit, beim Zusammenzählen der Werte und beim Auslegen der Karten aufzupassen.

V

Man überprüft, ob 2 der ausliegenden Karten zusammen den Wert 14 haben. (Die Farben spielen dabei keine Rolle.) Ist das der Fall, werden diese beiden Karten mit 2 Karten vom Talon offen überdeckt. So verfährt man weiter, bis der Talon aufgebraucht ist.

Bei dieser Patience kann man sich sehr leicht verrechnen. Wenn man alles richtig gemacht hat, ergibt am Ende die Summe aller oben liegenden Karten den Wert 168.

Möglichkeiten zum Überdecken:
Pik-Zwei und Karo-Dame
Kreuz-Fünf und Herz-Neun
Kreuz-As und Pik-König
Kreuz-Acht und Karo-Sechs

Der Kaiserstein

(1 Spiel = 52 Karten)

A

16 Karten werden vom Talon genommen und offen in 4 Reihen ausgelegt.

Z

Das Kartenbild soll aufgelöst und der Talon dabei restlos aufgebraucht werden.

V

Man prüft, ob in einer waagerechten oder einer senkrechten Reihe jeweils 2 Karten liegen, die zusammen den Wert 14 haben. (Die Farben spielen dabei keine Rolle, und die Karten müssen nicht nebeneinander liegen.) Solche Kartenpaare werden herausgenommen und abgelegt. Auf die frei werdenden Plätze werden die nächsten beiden Karten des Talons gelegt. Die Patience ist aufgegangen, wenn es gelingt, nacheinander alle Karten des Spiels paarweise abzulegen.

In unserer Auslage könnten z. B. Pik-Dame und Karo-Zwei der linken senkrechten Reihe oder Kreuz-Fünf und Kreuz-Neun der oberen waagerechten Reihe herausgenommen werden.

Das Spielkasino

(1 Spiel = 52 Karten)

A

25 Karten werden in 5 Reihen zu je 5 Karten offen ausgelegt (s. Foto).

Z

Das Kartenbild soll paarweise aufgelöst und der Talon dabei restlos aufgebraucht werden.

V

Wenn in einer waagerechten oder in einer senkrechten Reihe der Auslage 2 Karten mit gleichem Wert liegen (gleichgültig, von welcher Farbe), werden sie herausgenommen und abgelegt. Die frei werdenden Plätze werden mit den nächsten Karten vom Talon neu belegt. Wenn der Talon durchgespielt ist, müssen alle Karten abgelegt werden können.
Liegen einmal 3 Karten gleichen Wertes in einer Reihe, dürfen doch nur 2 weggenommen werden. Man muß überlegen, was am günstigsten ist.

Diese Patience geht sehr selten auf, selbst wenn man als Erleichterung noch die Diagonalen dazunimmt und/oder die Patience schon als aufgegangen ansieht, wenn am Ende 2 Kartenpaare übrigbleiben, die nicht in ein und derselben Reihe liegen. Die Chancen sind ähnlich wie die, in einem Spielkasino etwas zu gewinnen.

Das Spielkasino

In dieser Auslage gibt es viele Paare gleichen Wertes. In der mittleren senkrechten Reihe liegen sogar 3 Zehnen. Man wird die beiden unteren wählen, denn dann kann man die Kreuz-Zehn der obersten Reihe mit der Pik-Zehn ganz links oben zusammen ablegen.

Das Matriarchat

(2 Spiele = 104 Karten)

A

Im Matriarchat herrschen die Mütter. In dieser Patience sind es die Damen. Sie werden herausgesucht und bilden die Mittellinie, von der aus nach oben und unten angelegt wird.

Z

Ober- und unterhalb jeder Dame wird ihre (farbechte) Familie aufgebaut: oberhalb steigend vom König ab, unterhalb fallend vom Buben ab. Wieviele Karten jeweils an den König oder an den Buben gelegt werden, ist gleichgültig. Auf unserem Foto z. B. ist eine Kreuz-Familie zwischen Fünf und Sechs unterbrochen (oder in der Vorstellung verbunden), eine Herz-Familie zwischen Zwei und Drei.

V

Es gibt keine Hilfskarten. Zur Verfügung stehen der Talon und die oberste Karte des Ablagestapels.
Beim ersten Durchgang wird nur jede 2. Karte des Talons verwendet. Die dazwischenliegenden kommen sofort auf einen Ablagestapel. Ist der Talon zu Ende, wird der Ablagestapel umgedreht und erneut durchgespielt. Diesmal aber werden stets 2 Karten auf den Ablagestapel gelegt und die dritte kann verwendet werden. So geht es weiter. Bei jedem neuen Durchgang zählt man eine Karte weiter – bis zur Verwendung jeder 12. Karte des Talons. Ist es bis dahin gelungen, mindestens eine Familie vollständig anzulegen, darf man weitermachen, und zwar jetzt wieder mit jeder 11. Karte. Sind danach 2 Familien vollständig ausgelegt, kommt wieder jede 10. Karte dran. Nach dem Durchgang mit der Verwertung jeder 6. Karte müssen alle Familien vollständig sein, sonst ist die Patience nicht aufgegangen.
Tip: Man darf von einer Familie zur zweiten der gleichen Farbe umlegen. Unter Umständen gelingt es dabei, aus 2 angefangenen eine vollständige Familie zu bauen.
Die Karten, die am Ende eines Durchgangs übrig bleiben, werden selten der Zahl entsprechen, die gerade abgezählt werden muß. Man dreht dann den Talon um und nimmt sie zum nächsten Durchgang hinzu.

Das Matriarchat

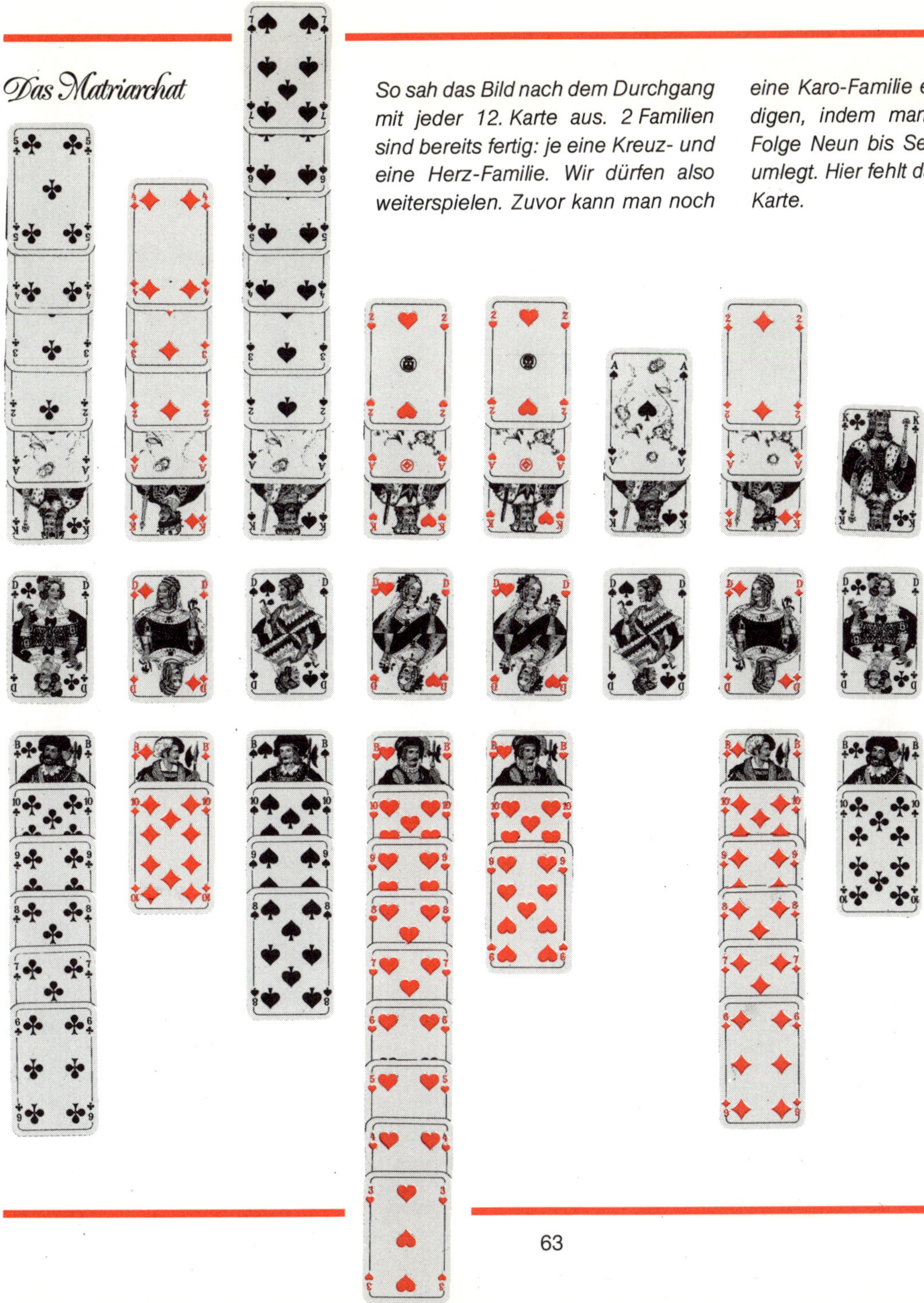

So sah das Bild nach dem Durchgang mit jeder 12. Karte aus. 2 Familien sind bereits fertig: je eine Kreuz- und eine Herz-Familie. Wir dürfen also weiterspielen. Zuvor kann man noch eine Karo-Familie etwas vervollständigen, indem man von der 2. die Folge Neun bis Sechs auf die erste umlegt. Hier fehlt dann nur noch eine Karte.

Der Schild

(1 Spiel = 52 Karten)

A

Die Neunen und Zehnen werden aussortiert und wie auf unserem Foto ausgelegt. Die Mitte des Kartenbildes bleibt für die Bildkarten zunächst frei.

Z

Auf den Neunen und Zehnen werden reine Familien aufgebaut, und zwar fallend und »springend«, d. h. auf den Neunen die ungeraden Zahlen (9 – 7 – 5 – 3 – 1), auf den Zehnen die geraden (10 – 8 – 6 – 4 – 2). Die im Spielverlauf erscheinenden Bildkarten kommen in die Mitte: in die oberste Reihe die Könige, abwechselnd rot und schwarz, darunter die Damen und in die untere Reihe die Buben (jeweils die gleiche Farbe untereinander). Am Ende werden die Bildkarten von den Assen und Zweien eingerahmt.

V

Die 3 ersten Karten des Talons werden als Hilfskarten offen unter oder neben den Platz für das Kartenbild gelegt. Ist eine Sieben, eine Acht oder eine Bildkarte dabei (oder mehrere), so wird (werden) sie gleich auf den richtigen Platz gelegt und die Lücke (oder Lücken) vom Talon wieder gefüllt. Nun werden die Karten des Talons einzeln abgehoben und umgedreht, und man sieht nach, ob sie irgendwohin passen. Auch die Hilfskarten muß man dabei stets im Auge behalten und mitverwenden.
Man kann auf den Hilfskarten aber auch andere Karten ablegen, und zwar ebenfalls farbecht und springend, aber steigend, also z. B. eine Kreuz-Vier auf eine Kreuz-Zwei. Was nirgendwohin paßt, kommt auf einen Ablagestapel. Sobald er angefangen ist, werden Lücken bei den Hilfskarten von ihm gefüllt.
Die Patience ist einfach und geht oft auf.
Diese Patience kann man auch in einer *Variante* finden, in der die Neunen und Zehnen nicht vor dem Spiel aussortiert und ausgelegt werden, sondern erst auf ihre Plätze kommen, wenn sie im Spielverlauf erscheinen. Dafür darf man 4 Hilfskarten auslegen.

Das Foto zeigt die Zuordnung von Neun und Zehn zueinander.

Schiebepatience

(As bis Dame
einer Farbe = 12 Karten)

A

Die 12 Karten (As bis Dame) werden in 3 Reihen zu je 4 Karten offen ausgelegt. Dann nimmt man die Dame heraus und legt sie beiseite.

Z

Die Karten sollen zum Schluß in der Reihenfolge As bis Bube liegen.

V

Man verschiebt die Karten unter Benutzung des durch die weggenommene Dame freigewordenen Platzes innerhalb der 3 Reihen waagerecht und senkrecht so lange, bis man die richtige Reihenfolge erhält.
Die Patience geht trotz ihrer Einfachheit nicht immer auf, denn sie hängt auch von der Lage der Karten ab – und vor allem erfordert sie viel Geduld.

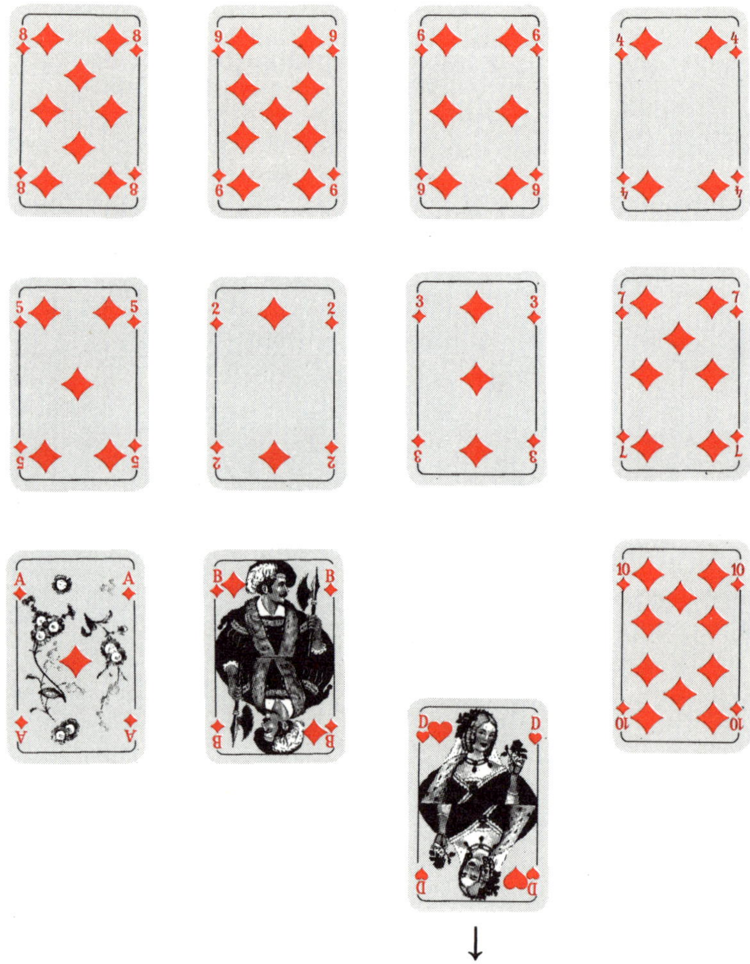

2. Kapitel

Mittelschwere Patiencen für geübtere Spieler

Johanna

(2 Spiele = 104 Karten)

A

Die ersten 10 Karten des Talons werden offen in einer waagerechten Reihe ausgelegt.

Z

Die 8 Familien sollen farbecht aufgebaut werden, und zwar 4 fallend auf Königen und 4 steigend auf Assen. Die dazu notwendigen Grundkarten (je ein As und ein König einer Farbe) werden über die erste Kartenreihe gelegt, wenn sie im Verlauf des Spiels erscheinen.

V

Man prüft, ob in der ausgelegten Reihe Grundkarten vorhanden sind. Ist das der Fall, werden sie nach oben gelegt – eventuell auch schon darauf passende Karten–, und die Lücken werden vom Talon wieder aufgefüllt. Danach legt man eine 2. Reihe unter die erste. Wieder prüft man, ob Karten (aus beiden Reihen) verwendet werden können, und wieder werden die Lücken geschlossen; danach legt man eine 3. Reihe an. Von der 3. Reihe ab dürfen nur noch jeweils die unterste Karte jeder senkrechten Reihe und die Karten der ersten Reihe benutzt werden. So wird eine Reihe nach der anderen angelegt, aber jede erst, wenn keine passende Karte mehr freiliegt und wenn alle Lücken geschlossen sind.

Die Lücken werden nicht jedesmal nach Entnahme einer Karte gefüllt, sondern jeweils vor dem Anlegen einer neuen Reihe, und zwar Reihe für Reihe, links oben beginnend!

Wenn der Fall eintritt, daß die gleiche Karte zweimal freiliegt, muß man gut überlegen, welche man verwendet. Man muß sich ansehen, welche Folgekarten durch die Wegnahme frei werden und welche man davon eher braucht.

Wenn alle Karten ausgelegt sind, muß es möglich sein, alle Familien aufzubauen.

Johanna

Das Spiel nach dem Auslegen des gesamten Talons. Man kann jetzt noch einige Karten auf die Grundkarten-Folgen auflegen: zweimal die Pik-Dame, Pik-Bube, Karo-Sieben bis Karo-Fünf und Kreuz-Sieben. Trotzdem ging diese Patience nicht auf.

Elisabeth

(2 Spiele = 104 Karten)

A

10 Karten werden offen nebeneinander als Hilfsreihe ausgelegt. Die 11. Karte kommt unter die erste der ersten Reihe. Sie bestimmt den Wert der Grundkarten.
Nach diesen 11 Karten legt man noch einmal 6 Reihen zu je 7 Karten untereinander, am besten schuppenförmig, um Platz zu sparen.

Z

Auf den im Laufe des Spiels erscheinenden Grundkarten soll im Rot-Schwarz-Wechsel aufsteigend aufgebaut werden. War beispielsweise die 11. Karte der Auslage eine Fünf, so sind alle Fünfen Grundkarten und der Aufbau der gemischten Familien reicht bis zur Vier. Die Reihe der Hilfskarten muß dabei von rechts nach links abgebaut werden.

V

Die Karten des Talons werden einzeln abgehoben. Erscheinen dabei Grundkarten, werden sie sofort herausgelegt (neben die erste, also oben in die 2. Reihe). Ein kleiner Tip: Am besten legt man die roten und die schwarzen Grundkarten jeweils zusammen mit einem kleinen Abstand zwischen den beiden Gruppen. Man kann sich dann leichter merken, wann jeweils eine rote oder eine schwarze Karte benötigt wird.
Die unterste Karte jeder senkrechten Reihe gilt als frei und kann verwendet werden, ebenso die äußerste rechte Karte der Hilfsreihe.
An die 7 senkrechten Reihen darf – ebenfalls rot an schwarz und umgekehrt, aber fallend – angelegt werden. Man kann auch Karten von einer Reihe an die andere umlegen, auch in ganzen Serien.
Man sollte nicht vergessen, immer wieder die Hilfsreihe zu kontrollieren und zu sehen, ob die hier freiliegende Karte brauchbar ist. Sie wird im Eifer des Spielens leicht vergessen, und so können Karten unnötig lange blokkiert bleiben. Aber die Karten der Hilfsreihe können nur zum Aufbau auf den Grundkarten benutzt werden. Sie dürfen nicht an die senkrechten Reihen angelegt werden.
Wird eine der senkrechten Reihen frei, kann eine Karte vom Talon oder von einer der anderen senkrechten Reihen dorthin gelegt werden, auch eine ganze Serie. Man wird eine Karte oder eine Serie aus einer der Reihen wählen, wenn man dadurch leichter Zugang zu einer auf die Auslage passenden Karte bekommt. Der Talon darf dreimal durchgespielt werden.

Elisabeth

Unsere Auslage ist nicht sehr günstig: Keine der freiliegenden Karten kann verwendet werden, und erst als 13. Karte erschien vom Talon eine passende, nämlich die Herz-Acht als weitere Grundkarte.

Die launischen Damen

(2 Spiele = 104 Karten)

Diese Patience ist nicht sehr schwierig, aber recht abwechslungsreich. Durch die vielfältigen Möglichkeiten, Karten aus verschiedenen Stapeln zu nehmen und an verschiedenen Stellen zu verwenden, muß man bei aller Einfachheit doch aufpassen. Den Namen hat sie, weil alles von der Lage und dem Erscheinen der Damen abhängt.

A

Man zählt zunächst 32 Karten vom Talon ab. Sie bilden einen verdeckt liegenden Hilfsstapel.
Die nächsten 8 Karten werden in 2 waagerechten Vierer-Reihen offen ausgelegt. Sind dabei Damen, werden sie zurück in den Talon genommen (d. h. irgendwo hineingesteckt) und dafür die nächsten Karten vom Talon auf ihre Plätze gelegt. Sind unter den 8 Karten Könige, nimmt man sie heraus und beginnt mit ihnen die Auslage eines Halbkreises über den 2 Vierer-Reihen (s. Foto). Die durch die Herausnahme von Königen oder Folgekarten freiwerdenden Plätze werden durch Karten vom Hilfsstapel besetzt. Das Spiel beginnt also mit einer Auslage, bei der in den beiden Vierer-Reihen weder Damen noch Könige vorhanden sind.

Z

Auf den im Spielverlauf erscheinenden Königen sollen die reinen Familien vom As bis zur Dame aufgebaut werden.

V

Nun wird eine Karte nach der anderen vom Talon genommen und auf ihre Verwendbarkeit hin überprüft: entweder für den Aufbau der Familien oder zum Auflegen auf eine der 8 Karten der Auslage, auf denen fallend und farbecht aufgelegt werden kann. Nicht verwendbare Karten kommen auf einen Ablagestapel, dessen oberste Karte stets »mitspielt«. Alle dabei auftauchenden Könige kommen in den Halbkreis.
Gibt es bei den beiden Vierer-Reihen eine Freistelle, wird sie stets vom Hilfsstapel besetzt. Erst wenn dieser aufgebraucht ist, nimmt man zum Auffüllen Karten vom Ablagestapel.
Beim Erscheinen von Damen ist zu beachten:

- Nimmt man Karten vom Hilfsstoß zum Auffüllen von Freistellen, und dabei erscheint eine Dame, so wird diese wie jede andere Karte auf die Freistelle gelegt. Man darf dann jedoch 5 weitere Karten vom Hilfsstapel nehmen und unter den Talon schieben. Das ist günstig, weil die Hilfskarten nicht so leicht abzubauen sind, denn Freistellen gibt es manchmal nur zögernd.
- Ist der Hilfsstapel bis auf eine oder 2 Karten abgebaut und die letzte oder zweitletzte Karte ist eine Dame, kommt sie nicht auf eine Freistelle, sondern wird unter den Talon geschoben.
- Zieht man bei Spielbeginn als erste Karte vom Talon eine Dame, so wird sie sofort wieder als unterste Karte unter den Talon geschoben.
- Erscheint vom Talon eine Dame, wenn der Ablagestapel erst aus 2 Karten besteht, nimmt man diese beiden Karten mit der Dame unter den Talon.
- Damen, die im weiteren Spielverlauf aus dem Talon erscheinen, werden wie jede andere Karte auf ihre Verwendbarkeit hin geprüft. Sie kommen also entweder als Abschlußkarte in eine der aufzubauenden Familien oder auf den Ablagestapel. In beiden Fällen darf man aber die 3 untersten Karten des Ablagestapels nehmen und verdeckt unter den Talon stecken.

Je mehr Damen aus Talon (der nur einmal durchgespielt werden darf) oder Hilfsstapel erscheinen, um so mehr Chancen hat man, zum Ziel zu kommen.

Die launischen Damen

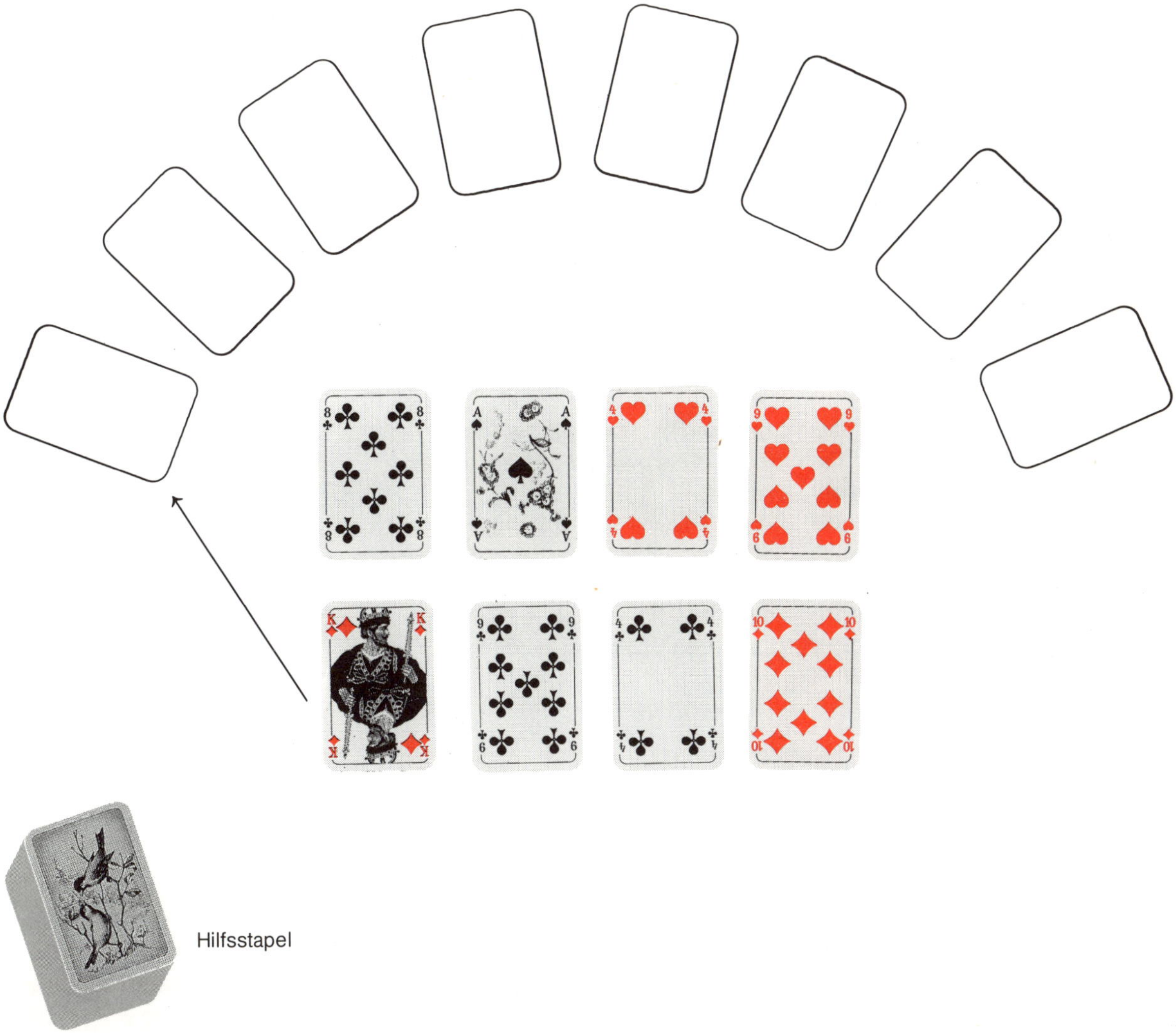

Fächerspiel I

(1 Spiel = 52 Karten)

A

Die 4 Asse werden herausgesucht und als Grundkarten in eine Reihe gelegt. Den Rest des Spiels legt man in Gruppen zu je 4 Karten fächerförmig aus (s. Foto).

Z

Auf den Assen sollen die reinen Familien bis zum König aufgebaut werden.

V

Man prüft zunächst nach, welche Karten der Auslage zum Aufbau der Familien verwendet werden können. Zur Verwendung frei sind jeweils die ganz rechts liegende Karte eines jeden Fächers.

Danach versucht man umzubauen. Man kann an die rechts liegenden Karten anbauen, und zwar farbecht und fallend. Auch ganze Folgen können umgelegt werden.

Geht nichts mehr, werden die übrig gebliebenen Fächer zusammengenommen, gemischt und neu ausgelegt. Wieder wird alles überprüft und kann dann, wenn es nötig ist, noch einmal eingesammelt und neu ausgelegt werden. Danach muß es möglich sein, alle Fächer aufzulösen und die Familien fertig aufzubauen.

Die Patience geht nicht allzuoft auf, da oft Karten durch höhere Werte blokkiert werden, und es keine Freiplätze gibt, auf die man lästige Karten legen kann.

Tip: Man kann das Spiel noch etwas schwieriger gestalten, wenn man die Asse nicht vorher heraussucht, sondern erst herauslegt, wenn sie im Laufe des Spiels frei werden.

Fächerspiel II

(2 Spiele = 104 Karten)

A, Z und V entsprechen dem vorigen Spiel. Doch hier werden nicht alle Karten ausgelegt, sondern nur 20 Fächer zu je 3 Karten. Wird im Verlauf des Spiels ein Fächer aufgelöst, legt man auf den Freiplatz einen neuen Fächer vom Talon.

Fächerspiel I

Bei dieser ersten Auslage bieten sich viele Möglichkeiten zum Umlegen, wenn man auch nur eine Karte (Karo-Zwei) auf eine Grundkarte legen kann: Herz-Zehn an den Herz-Buben, Pik-Vier an Pik-Fünf, Pik-Drei an Pik-Vier, Kreuz-Fünf an Kreuz-Sechs, Kreuz-Vier und Kreuz-Drei an Kreuz-Fünf.

Der Zopf

(2 Spiele = 104 Karten)

A

Die Auslage schaut man sich am besten auf dem Foto an, denn sie ist umständlich zu erklären. Ausgelegt werden zunächst der Zopf (20 Karten) und die beiden Hilfsreihen rechts und links davon (2 × 6 Karten). Die erste danach vom Talon gezogene Karte bestimmt die Grundkarten.

Z

Auf den im Spielverlauf erscheinenden Grundkarten sollen die reinen Familien aufgebaut werden.

V

Ist die erste Grundkarte (s. o.) beispielsweise ein Kreuz-Bube, so sind alle Buben Grundkarten. Ob auf ihnen steigend oder fallend aufgebaut wird, kann man selbst entscheiden. Das sollte davon abhängen, nach welcher Seite hin man rascher an Folgekarten herankommt. Man muß sich den Zopf also genau anschauen. Auf einer Auslage wie auf unserem Foto (mit Grundkarte As) ist es besser, sich für fallenden Aufbau zu entscheiden, denn es liegen viele Könige und andere hohe Werte aus.

Verwendet werden können alle Hilfskarten rechts und links, vom Zopf aber nur die jeweils freiliegende, also unterste Karte. Entstehende Freiplätze in den beiden seitlichen Hilfskarten-Reihen werden wieder gefüllt; und zwar ersetzt man Eckkarten (auf dem Foto hochstehend) vom Zopf (wenn er abgebaut ist, vom Talon), die anderen (auf dem Foto querliegend) vom Talon. Man kann sich Freiplätze auch etwas offenhalten und warten, bis eine Karte erscheint, die man bald verwenden kann, und die man nicht im Ablagestapel verschwinden lassen möchte.

Man muß versuchen, den Zopf möglichst rasch abzubauen, um an die oberen Karten heranzukommen, die unter Umständen den Aufbau einer Familie längere Zeit blockieren können. Deshalb ist es gut, wenn man die Eckkarten verwenden kann, da sie vom Zopf ersetzt werden. Liegt also ein Wert, den man brauchen kann, sowohl als Eckkarte als auch bei den anderen Hilfskarten, sollte man die Eckkarte wählen.

Ist in der Auslage nichts mehr zu machen, wird der Talon einzeln abgehoben. Dabei erscheinende Grundkarten werden zu den anderen seitlich vom Bild gelegt. Was nicht zu verwenden ist, kommt auf einen Ablagestapel, dessen oberste Karte mitspielt.

Der Ablagestapel darf zweimal umgedreht und neu als Talon verwendet werden.

Für ganz Ungeduldige:

Man kann sich das Spiel erleichtern, indem man an die Hilfskarten anlegt, und zwar steigend, wenn man auf den Grundkarten fallend aufbaut und umgekehrt. Aber auch ohne diese Hilfe ist der Zopf nicht allzu schwierig.

Dresdner Patience

(2 Spiele = 104 Karten)

A

Die 8 Asse werden herausgesucht und in einer Reihe offen ausgelegt. Darunter kommt eine Reihe von 12 Hilfskarten, ebenfalls offen.

Z

Auf den Assen sollen die Karten Zwei bis König der gleichen Farbe, also »reine Familien« aufgebaut werden.

V

Man schaut zunächst nach, ob von der Hilfsreihe schon etwas auf die Asse aufgelegt werden kann, eine Zwei oder auch schon mehr. Vielleicht kann man auch innerhalb der Hilfsreihe Karten umlegen, denn an sie darf absteigend angelegt werden, aber stets nur Karten derselben Farbe (z. B. eine Karo-Dame an einen Karo-König). Wenn dadurch senkrechte Reihen entstanden sind, dürfen auch ganze Folgen umgelegt werden. Freiplätze, die in der Hilfsreihe entstehen, werden wieder neu belegt. Dazu kann man sowohl die nächste Karte vom Talon nehmen als auch eine Karte vom Ablagestapel, je nachdem, was günstiger ist.

Wenn keine Karte mehr an- oder umgelegt werden kann, wird eine Karte nach der anderen vom Talon genommen und auf ihre Verwendbarkeit hin überprüft. Was im Augenblick nicht gebraucht wird, kommt auf einen offenen Ablagestapel. Dessen oberste Karte kann immer mitverwendet werden, wenn sie paßt.
Der Talon darf nur einmal durchgespielt werden.

In der Reihe der Hilfskarten liegt zwar keine Zwei zum Auflegen auf ein As, aber ein paar Karten konnten umgelegt werden. Die Lücken werden vom Talon wieder gefüllt.

Die leichte Acht

(2 Spiele = 104 Karten)

A

Man legt 3 waagerechte Reihen zu je 8 Karten offen aus, am besten schuppenförmig, da die senkrechten Reihen sehr lang werden können.
Erscheinen beim Auslegen Asse, werden sie sofort als Grundkarten in einer getrennten Reihe über das Bild gelegt.

Z

Auf den Assen sollen die reinen Familien bis zum König aufgebaut werden.

V

Die freiliegenden Karten der senkrechten Reihen können verwendet werden. Man prüft, ob man die eine oder andere schon zum Aufbau der Familien brauchen kann oder ob man zwischen den senkrechten Reihen umlegen kann. Hier darf nämlich fallend rot an schwarz und umgekehrt angelegt werden. Dabei dürfen auch ganze Serien umgelegt werden. Durch den Abbau einer senkrechten Reihe entstehende Freiplätze dürfen mit beliebigen Karten oder Serien (natürlich nur freiliegenden) neu belegt werden.
Wenn nichts mehr auf-, an- oder umzulegen ist, wird an jede der senkrechten Reihen eine weitere Karte vom Talon angelegt. Nun werden wieder alle Möglichkeiten überprüft, dann kommen die nächsten 8 Karten vom Talon an die Reihe.
Wenn der gesamte Talon an die senkrechten Reihen angelegt ist, muß es möglich sein, die Reihen alle aufzulösen und die Familien fertig aufzubauen.

Die leichte Acht

Unser Bild nach dem Anlegen der ersten zusätzlichen Reihe vom Talon. Nur 3 Karten lassen sich bewegen: Karo-Acht an Kreuz-Neun und daran die Kreuz-Sieben der ersten Reihe, Kreuz-Dame an Karo-König.

Drittenabschlagen

(2 Spiele = 104 Karten)

A

Man legt 10 verdeckte Päckchen in einer waagerechten Reihe aus, das erste mit 10 Karten, das 2. mit 9 Karten usw. bis zum 10. mit nur einer Karte.
Danach wird die oberste Karte jedes Päckchens umgedreht und offen in einer 2. Reihe unter die Päckchen-Reihe gelegt.

Z

Wieder einmal sollen auf den im Spielverlauf erscheinenden Assen reine Familien bis zum König aufgebaut werden.

V

Liegt in der offenen Kartenreihe ein As (und vielleicht auch schon eine darauf passende Zwei), so wird (werden) diese Karte(n) sofort herausgenommen und über die Päckchen-Reihe gelegt. Wo eine Karte aus der Auslage genommen wurde, kann die nächste Karte des jeweiligen Päckchens umgedreht und in die Reihe der offenen Karten gelegt werden. An die Karten dieser Reihe darf fallend im Rot-Schwarz-Wechsel angelegt werden. Man kann auch von einer Reihe an eine andere umlegen, und zwar sowohl einzelne Karten als auch ganze Serien. Gibt es auf diese Weise eine Freistelle, so wird – solange noch ein Rest des obenliegenden Päckchens übrig ist, wieder eine Karte umgedreht und nach unten gelegt. Ist das jeweilige Päckchen schon aufgebraucht, darf auf die Leerstelle der Reihe ein König gelegt werden.
Ist nichts mehr auf- oder umzulegen, beginnt man mit dem Abspielen des Talons: Man hebt jedesmal 3 Karten auf einmal ab (daher der Name der Patience) und prüft die oberste davon auf ihre Verwendbarkeit. Was nicht gebraucht wird, kommt auf einen Ablagestapel. Dieser darf so oft neu durchgespielt werden, wie sich noch Legemöglichkeiten irgendeiner Art ergeben. Hat man am Ende des Talons nicht gerade 3 Karten übrig, dreht man den Ablagestapel um und zählt von ihm weiter.
Es ist ratsam, dafür zu sorgen, daß man die Päckchen rasch auflöst, da man nicht weiß, ob Asse oder andere Anfangskarten (Zweien, Dreien) darin versteckt sind! Zunächst sollte man also möglichst viel innerhalb der senkrechten Reihen umlegen, um Freistellen zu bekommen, und weniger auf die Grundkarten auflegen. Wie man hier am geschicktesten vorgeht, muß man mit der Zeit herausfinden.

Drittenabschlagen

Dadurch, daß beim Umdrehen der obersten Karten der Päckchen fast nur rote Karten erschienen, gab es nicht allzuviele Möglichkeiten des Umlegens. 8 Päckchen sind noch vorhanden.

Das vertauschte Kreuz

(2 Spiele = 104 Karten)

A

Man sortiert von jeder Farbe ein As und einen König aus dem Spiel und legt sie kreuzförmig aus (s. Foto). Darunter oder daneben, je nach Platz, kommen noch 12 Hilfskarten.

Z

Auf den 4 Assen werden steigend bis zum König, auf den 4 Königen fallend bis zum As reine Familien aufgebaut. Am Ende sind dann die Kreuzarme »vertauscht«: waagerecht liegen die Asse, senkrecht die Könige.

V

Sind unter den Hilfskarten Zweien, Damen und weitere passende Karten, so werden sie auf die entsprechenden Grundkarten aufgelegt. Ihr Platz wird dann vom Talon aufgefüllt, und man prüft, ob es wieder neue Auflagemöglichkeiten gibt. Wenn nichts mehr geht, legt man eine 2. Reihe schuppenförmig unter die Hilfsreihe (oder daneben, wenn man die Hilfsreihe seitlich ausgelegt hat) und sieht nach, ob brauchbare Karten dabei sind. Da bei dieser Patience nicht innerhalb der Hilfsreihen umgelegt werden darf, muß man bei eventuell vorkommendem zweifachem Ausliegen einer Karte immer die wegnehmen, die den Zugang zu einer benötigten Karte versperrt.
Der Talon wird nach und nach in weiteren Hilfskarten-Reihen ausgelegt. Gelingt es, eine senkrechte Reihe ganz frei zu bekommen, kann jeweils eine Karte vom Talon auf die Freistelle gelegt werden. Ist der Talon ganz ausgelegt und sind alle Möglichkeiten erschöpft, mischt man die restlichen Karten der Hilfsreihen und beginnt mit dem neuen Talon von vorn mit dem Auslegen einer Reihe nach der anderen. Insgesamt sind 3 Durchgänge erlaubt, dann müßte die Patience aufgehen, was auch oft geschieht.

Das vertauschte Kreuz

Die böse Sieben

(2 Skatspiele = 64 Karten)

Wenn man kein Skatspiel zur Hand hat, sortiert man einfach alle Werte von Zwei bis Sechs aus dem Spiel.

A

7 waagerechte Reihen zu je 7 Karten werden schuppenförmig ausgelegt, die erste Reihe offen, die nächste verdeckt, die 3. wieder offen usw. (s. Foto).

Z

Auf den im Spielverlauf erscheinenden Assen werden die reinen Familien von der Sieben bis zum König aufgebaut.

V

Alle Asse, die sich in den offenliegenden Reihen der Auslage befinden, werden herausgenommen und oberhalb des Bildes in einer Reihe ausgelegt. Ihre Plätze werden mit Karten vom Talon neu belegt.
Nun beginnt der Aufbau der Familien. Man prüft zunächst, was aus der Auslage verwendbar ist. Nur die freiliegenden Karten, d. h. die untersten der senkrechten Reihen, können verwendet werden. Nimmt man eine Karte weg, wird die darüberliegende verdeckte umgedreht. An die senkrechten Reihen darf fallend rot an schwarz und umgekehrt angelegt werden; ebenso darf von einer Reihe an die andere umgelegt werden, einzeln und in ganzen Serien.
Nicht vergessen: Auf ein As kommt als erste Karte eine Sieben.
Ist nichts mehr auf- oder umzulegen, werden die Karten des Talons einzeln abgehoben und überprüft, ob sie auf eine Grundkarte auf- oder an eine senkrechte Reihe angelegt werden können. Es gibt keinen Ablagestapel.
Ist nichts mehr an- oder aufzulegen, wird die Auslage mit dem Rest des Talons zusammengenommen (natürlich mit Ausnahme der begonnenen Familien) und gemischt.
Nun legt man neu aus, diesmal aber nur 5 Reihen zu je 7 Karten, wieder eine Reihe offen, eine verdeckt usw. Reichen die Karten nur noch für 4 Reihen, muß man mit einer verdeckten Reihe beginnen, damit die untersten Karten offen liegen und verwendet werden können.
Nach dem 2. Durchgang müssen die Familien fertig aufgebaut werden können.

In der ersten und der untersten Reihe der Auslage lagen Kreuz- und Pik-As. Sie wurden herausgelegt, und ihre Plätze können jetzt neu belegt werden. Auf das Pik-As kommt nur die Pik-Sieben.

Der Eiffelturm

(2 Spiele = 104 Karten)

Diese Patience ist etwas für Leute, die gern rechnen und sich freuen, wenn sie genau aufpassen müssen. Sie ist sonst sehr einfach.

A

Den pyramidenförmigen Aufbau zeigt unser Foto.

Z

Alle Karten des Talons werden nach einem bestimmten Rechenschema auf die Pyramide aufgelegt.

V

Die Karten des Talons werden einzeln abgehoben und – wenn möglich – auf eine Karte der Pyramide gelegt, deren Wert mit dem der Karte vom Talon addiert zusammen 14 ergibt. Die erste Karte, die nicht auf eine Karte der Auslage aufgelegt werden kann, legt man beiseite und verwendet sie, sobald es möglich ist. Erst wenn sie verwendet wurde, kann eine weitere beiseitegelegt werden. Sobald eine Karte nicht verwendet werden kann, und der »Keller« noch besetzt ist, ist die Patience gescheitert. Dies passiert leider oft schon sehr früh, so daß man den Turm ständig neu auslegen muß.
Falls man soweit kommt, daß nur noch eine Karte übrig ist und diese mit keiner Karte der Auslage den Wert 14 erreicht, liegt dies ganz einfach daran, daß man sich irgendwo verrechnet hat, denn die beiden Spiele enthalten lauter Kartenpaare, deren Wert sich zu 14 addieren läßt.

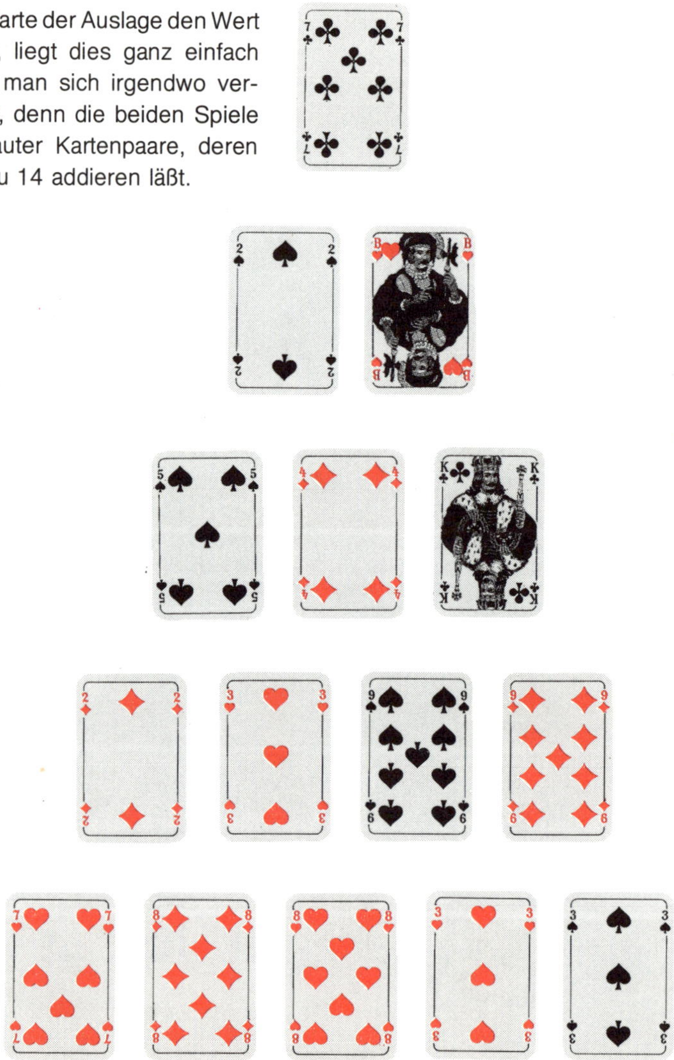

Die große Harfe

(2 Spiele = 104 Karten)

A

Die Auslage entspricht derjenigen der kleinen Harfe (s. S. 37), doch beginnt man mit 10 Karten (9 verdeckt, eine offen) und legt insgesamt 10 Reihen aus.

Z

Wie bei der kleinen Harfe müssen die Asse freigespielt und auf ihnen die reinen Familien bis zum König aufgebaut werden.

V

Man kann die große Harfe wie die kleine spielen. Aber es gibt eine Variante, die interessanter und schwieriger ist:

Auch hier werden freie, also als unterste der senkrechten Reihen liegende, passende Karten zum Aufbau der Familien nach oben gelegt und dann die jeweils darüberliegende Karte umgedreht. An die untersten Karten kann fallend im Rot-Schwarz-Wechsel angelegt werden. Gelingt es, eine senkrechte Reihe aufzulösen, kommt ein König auf den Freiplatz, auch mit eventuell schon angelegter Folge. Auch sonst können ganze Folgen umgelegt werden. Läßt sich in der ersten Auslage nichts mehr um- oder auf die Asse auflegen, wird es anders:

Der Talon wird nicht Karte für Karte umgedreht; sondern jedesmal, wenn nichts mehr geht, also wenn weder ein As noch eine Folgekarte aus der Harfe genommen werden kann, legt man an jede senkrechte Reihe eine Karte vom Talon an. Das geht nicht bei Reihen, in denen schon ein König mit oder ohne angelegte Folge offen liegt. Ist der Talon aufgebraucht, darf eine einzige Störkarte in den »Keller« gelegt werden, wenn man dadurch an eine brauchbare Karte herankommt. Ist diese Kellerkarte benutzt, kann eine andere beiseite gelegt werden, aber jeweils nur eine einzige.

Achtung: Bei dieser Spielweise kann man sich leicht den Weg zu wichtigen Karten mit neu angelegten und im Augenblick nicht brauchbaren verdecken! Man muß deshalb bei mehreren Möglichkeiten des Um- oder Auslegens sehr gut überlegen, welche der möglichen Bewegungen das Spiel weiterbringt und mehr Chancen bietet. Diese Variante der Harfe erfordert mehr Mitarbeit, geht aber dennoch selten auf.

Das Kolosseum

(2 Spiele = 104 Karten)

Dies ist wieder eine Patience, deren Reiz vor allem im Schlußbild liegt. Es gleicht in seiner ovalen Form mit einiger Phantasie dem Grundriß einer antiken Arena. Daher sein Name nach der großen Arena in Rom, dem Kolosseum.

A

Je ein As und ein König jeder Farbe werden herausgesucht und ausgelegt, und zwar die Asse im Quadrat (je 2 neben- und 2 untereinander), die Könige ober- und unterhalb der Asse (die beiden roten oben, die beiden schwarzen unten, s. Foto).

Z

An die Könige soll – abwechselnd rot und schwarz oder umgekehrt – fallend bogenförmig bis zum As angelegt werden. Da die 4 noch fehlenden Könige bei ihrem Erscheinen im Verlauf des Spiels jeweils zu zweien nochmals über und unter die Auslage kommen, entstehen am Ende 2 ovale Ringe (s. Foto S. 91).

V

Jede 3. Karte des Talons darf verwendet werden, wenn sie paßt: entweder an die Könige oder auf die ausliegenden Asse, auf die man – ebenfalls im Rot-Schwarz-Wechsel – steigend auflegen kann. Was nicht sofort verwendet werden kann, kommt auf einen Ablagestapel, dessen oberste Karte stets mitspielt. Sobald eine der an die Könige angelegten Folgen eine der auf die Asse aufgelegten im Wert erreicht, kann die As-Folge an die Königs-Folge umgelegt werden. Auf den freiwerdenden Platz kommt dann das nächste freiwerdende As vom Talon oder Ablagestapel.
Der Talon darf viermal durchgespielt werden. Danach müssen alle Karten an die Königs-Folgen angelegt werden können.

Die Sonne I

(2 Spiele = 104 Karten)

A

Die ersten 8 Karten des Talons werden kreisförmig ausgelegt (s. Foto).

Z

Zum Schluß liegen an der Stelle der Auslage die 8 Asse und an sie anschließend wie die Strahlen einer Sonne die reinen Familien bis zum König. Dies ist also wieder eine Patience, bei der es besonders auf das Schlußbild ankommt.

V

Wenn bei den 8 Karten der Auslage ein As ist, dient es sofort als Grundkarte, an die angelegt werden kann. An andere Karten darf ebenfalls farbecht, aber fallend angelegt werden. Die Karten des Talons werden nun einzeln abgehoben und auf ihre Verwendbarkeit hin geprüft. Erscheinende Asse werden beiseite gelegt, wenn im Kreis kein Freiplatz vorhanden ist und wenn sie nicht an eine Zwei derselben Farbe angelegt werden können.
Sobald einer der fallenden Strahlen den passenden Anschlußwert zur letzten Karte eines auf ein As aufbauenden Strahls derselben Farbe erreicht, wird er dorthin umgelegt (auf unserem Foto z. B. Herz-Sieben und -Acht an Herz-Sechs). Auf so entstehende Freiplätze kommt ein As. Gibt es einen fallend gebauten Strahl, der mit einem As endet, wird dieses As auf den Freiplatz gelegt (und auch seine Folgekarten), auch wenn andere Asse abseits auf ihren Einsatz warten. Auf diese Weise gibt es dann gleich wieder einen Freiplatz.
Karten vom Talon, die nicht zu verwenden sind, kommen auf einen Ablagestapel. Dieser darf viermal umgedreht und neu durchgespielt werden. Aber trotz der insgesamt 5 Durchgänge geht diese Patience nicht oft auf.

Die Sonne I

Nach fast einem Durchgang durch den Talon wurden bereits 6 Asse herausgespielt, 3 davon fanden als Grundkarten ihren Platz im inneren Kreis und das Pik-As wurde an die Pik-Zwei angelegt. Wenn jetzt Herz-Sieben und -Acht an Herz-Sechs angelegt werden, kommt auf die Freistelle keines der beiseitegelegten Asse, sondern das an die Pik-Zwei angelegte und daran sofort die Zwei. Nun ist wieder eine Freistelle vorhanden, auf die eines der Asse in Wartestellung gelegt werden kann.

Fürst Bismarck

(2 Spiele = 104 Karten)

A

12 Karten werden in einem Rechteck ausgelegt, das in der Mitte Raum für 2 senkrechte Viererreihen läßt: Man beginnt oben an der Schmalseite mit 2 nebeneinanderliegenden Karten, folgt dann der Richtung des Uhrzeigers und legt 4 Karten untereinander, unten wieder 2 Karten nebeneinander und zum Abschluß wieder 4 Karten (links) übereinander (s. Foto).

Z

Der Raum in der Mitte ist für je 4 untereinanderliegende Könige und Asse reserviert. Auf ihnen werden die reinen Familien aufgebaut, auf den Königen fallend, auf den Assen steigend.

V

Zunächst sieht man nach, ob Karten der Auslage brauchbar sind: Je ein König jeder Farbe und ebenso je ein As kann sofort in die Mitte gelegt werden. Auch eventuell schon vorhandene Anschlußkarten werden aufgelegt. Entstehende Lücken in der ersten Runde werden mit den nächsten Karten vom Talon aufgefüllt, und man prüft erneut, was gelegt werden kann. Wenn nichts mehr geht, wird eine 2. Runde an die erste gelegt (wieder links oben beginnend); erneut wird alles überprüft, Passendes aufgelegt, Lücken vom Talon gefüllt, wieder geprüft, usw.. So geht es weiter, bis der Talon aufgebraucht ist.
Von jetzt an ist auch Umlegen möglich: An die Kartenreihen, die durch das Anlegen an die einzelnen Runden entstehen, kann nach außen hin angelegt werden, also oben und unten senkrecht, an den Seiten waagerecht, und zwar farbecht, aber je nach Bedarf fallend oder steigend. Sobald eine der so frei werdenden Karten auf eine der Familien paßt, wird sie sofort aufgelegt. Auch innerhalb dieser Familien darf umgelegt werden, wenn die auf König und As der gleichen Farbe aufgelegten Karten aneinander anschließen, und durch das Umlegen der einen vielleicht eine weitere Karte aus den äußeren Reihen verwendet werden kann.
Gelingt es, durch das Umlegen eine Freistelle zu bekommen, also eine der äußeren senkrechten oder waagerechten Reihen aufzulösen, kann man dort ablegen, was man möchte: einzelne Karten oder ganze Folgen.
Geht trotz allem Um- und Auflegen nichts mehr, werden die in den äußeren Runden liegenden Karten zusammengeschoben, beginnend mit der linken oberen senkrechten Reihe und im Uhrzeigersinn fortfahrend. Der entstehende Stapel wird umgedreht, und man beginnt von neuem wie am Anfang.
Nach 2 Durchgängen sollte die Patience aufgehen.
Diese Patience ist im Grunde nicht sehr schwierig, aber man muß gut aufpassen, da es stets verschiedene Auf- und Ablagestellen gleichzeitig gibt.

Fürst Bismarck

Aus der Auslage waren 2 Asse, Pik-König, -Dame, -Bube brauchbar. Inzwischen wurde die 2. Runde angelegt. Sie bringt nun die Karo-Zwei. Ihr Platz wird vom Talon neu belegt.

Die Krinoline

(1 Spiel = 52 Karten)

A

28 Karten werden offen in Form einer kleinen Pyramide ausgelegt. Man beginnt mit der Spitze und legt die weiteren Reihen darunter, in jeder Reihe eine Karte mehr. Die unterste Reihe enthält 7 Karten.

Z

Die Pyramide und der Rest des Talons werden nach und nach abgebaut.

V

Man dreht die oberste Karte des Talons um und sieht nach, ob es bei den freiliegenden Karten der Pyramide, d. h. bei der untersten Reihe, eine Karte gibt, deren Wert einen Punkt unter oder über dem Wert der vom Talon gezogenen Karte liegt. Die Farbe spielt dabei keine Rolle. Ist dies der Fall, wird sie aus dem Bild genommen und auf die Karte vom Talon gelegt. Anschließend sieht man nach der nächsten passenden freiliegenden Karte. Diesmal soll sie einen Punkt über oder unter der vorher aus dem Bild genommenen Karte liegen. Und so geht es weiter. Nur freiliegende Karten können weggenommen werden. Da die Karten versetzt liegen, müssen also stets 2 nebeneinanderliegende Karten einer Reihe weg sein, bevor die darüberliegende Karte frei wird.
Gibt es keine Möglichkeiten mehr, wird die nächste Karte vom Talon umgedreht und auf den offenen Kartenstapel gelegt. Zu ihr sucht man nun wieder eine passende Karte.
Wenn sich einmal 2 passende Karten zugleich anbieten, muß man gut prüfen, welche der beiden weitere Wege freimacht, und die günstiger gelegene wegnehmen.
Es muß möglich sein, die Pyramide oder »Krinoline« in einem Durchgang abzubauen, wenn die Patience aufgehen soll.

Die Krinoline

Die erste Karte, die nach dem Auslegen vom Talon gezogen wurde, ist die Pik-Neun. Auf sie legen wir die Pik-Zehn. Dann geht es schon nicht weiter, und wir nehmen die nächste Karte vom Talon: die Kreuz-Fünf. Darauf kommen Kreuz-Sechs – Pik-Sieben – Pik-Sechs. Nehmen wir statt der Kreuz-Sechs die Kreuz-Vier, können wir nur noch die Kreuz-Drei auflegen.

Talon

Liebe der Poeten

(1 Spiel = 52 Karten)

A

Die Könige und die Damen werden aus dem Spiel sortiert und in 2 senkrechten Reihen untereinandergelegt. Zwischen der Reihe der Könige und der Reihe der Damen bleibt Platz für 2 weitere senkrechte Reihen von Hilfskarten.

Als Anfang dieser beiden Hilfsreihen legt man eine rote Fünf und eine schwarze Acht auf die beiden obersten Plätze.

Z

Auf den Königen und Damen werden reine Familien aufgebaut: auf den Königen steigend (König – As – Zwei usw.) bis zur Sechs, auf den Damen fallend (Dame – Bube – Zehn usw.) bis zur Sieben. Das Schlußbild zeigt dann 2 senkrechte Kartenreihen, eine aus Sechsen und die andere aus Siebenen bestehend.

V

Beim ersten Durchgang wird der Talon einzeln abgehoben, und jede Karte wird auf ihre Verwendbarkeit geprüft. Dabei kann auch an die Hilfskarten angelegt werden, und zwar nach Bedarf steigend oder fallend und rot an schwarz und umgekehrt. Was nicht verwendet werden kann, kommt auf einen Ablagestapel. Nach dem ersten Durchgang kann der Ablagestapel noch einmal umgedreht und als neuer Talon durchgespielt werden. Diesmal aber wird nur jede 3. Karte verwendet, dazu wieder, wie schon beim ersten Mal, die oberste Karte des Ablagestapels. Nun sollte es möglich sein, die Hilfsreihen ab- und die Familien fertig aufzubauen.

Die Karten der Hilfsreihen können auch hin und her umgelegt werden.

Liebe der Poeten

So sah unser Bild nach dem ersten Durchgang durch den Talon aus. Die Damen und Könige sind alle verschwunden, die Hilfsreihen wurden nicht allzulang.

Die große Leidenschaft

(1 Spiel = 52 Karten)

A

31 Karten werden in Form eines Dreiecks (mit der Spitze nach unten) schuppenförmig ausgelegt. Mit Ausnahme der jeweils untersten Karte einer senkrechten Reihe liegen alle Karten verdeckt. Die 3 obersten Reihen enthalten je 7 Karten, die nächste 5, die nächste 3 und darunter liegen noch zweimal je eine Karte, davon die unterste offen. Das Dreieck enthält also insgesamt 7 waagerechte Reihen.

Z

Auf den im Verlauf des Spiels erscheinenden Assen werden die reinen Familien bis zum König aufgebaut.

V

Eventuell freiliegende Asse und Folgekarten werden sofort herausgelegt, und die jeweils nächste Karte der senkrechten Reihe wird herumgedreht und kann nun verwendet werden.
An die offen- (d. h. frei-)liegenden untersten Karten kann fallend rot an schwarz und umgekehrt angelegt werden. Freiplätze, die durch den Abbau einer senkrechten Reihe entstehen, können nur mit einem König – mit oder ohne Folge – belegt werden.
Geht nichts mehr, so wird an jede senkrechte Reihe eine Karte vom Talon angelegt. Freiplätze allerdings bleiben frei.

Anders als bei den meisten Patiencen können hier auch Folgen umgelegt werden, die nicht zueinander passen! Möchte man beispielsweise eine Folge Neun-Acht an eine passende und freiliegende Zehn anlegen, und unter der Neun liegen durch die vom Talon ausgelegten Reihen 2 beliebige, nicht zu der Folge passende Karten, so kann die ganze Reihe Neun – Acht – 2 Fremdkarten an die Zehn angelegt werden.
Da nach dem Aufbrauchen des Talons nur noch Umlegen weiterhilft, ist dies eine große Hilfe.
Hilfreich ist auch die Möglichkeit, eine der bereits auf einer As-Folge liegenden Karten in eine der senkrechten Reihen als Überbrückung zurückzunehmen, wenn dadurch der Anschluß von 2 Karten oder Folgen ermöglicht wird. Dies ist aber nur erlaubt, wenn es keinen anderen Ausweg mehr gibt.

Die Auslage der »großen Leidenschaft«

Das Trio

(1 Spiel = 52 Karten)

A

Die 4 Asse werden senkrecht untereinander gelegt, neben diese Reihe links und rechts je 6 Karten in einer schrägen, offenen Hilfsreihe auf das untere As zu (s. Foto).

Z

Auf den Assen sollen die reinen Familien bis zum König aufgebaut werden.

V

Liegen in den beiden Hilfsreihen bereits Zweien oder weitere Folgekarten, können sie sofort auf das As ihrer Farbe aufgelegt werden. Entstehen dabei Freistellen, werden sie mit den nächsten Karten vom Talon besetzt. Auf die Karten der beiden Hilfsreihen kann in der gleichen Farbe mit absteigenden Werten aufgelegt werden. Man kann auch von einer Hilfsreihe zur anderen Karten umlegen, aber immer nur einzeln.

Sind alle Möglichkeiten des Um- oder Auflegens erschöpft, werden die Karten einzeln vom Talon genommen und jeweils auf ihre Verwendbarkeit hin geprüft. Was nicht gebraucht wird, kommt auf einen Ablagestapel, dessen oberste Karte stets mitverwendet werden kann, wenn sie irgendwo paßt.

Wenn der Talon durchgespielt ist, muß es möglich sein, die Hilfsreihen und den Ablagestapel aufzulösen und die Familien fertig aufzubauen.

Das Trio

Die große Gesellschaft

(2 Spiele = 104 Karten)

A

Zunächst werden nur 2 Reihen von je 8 Hilfskarten offen ausgelegt – etwas zur Seite, denn das Kartenbild braucht viel Platz.
Die im Spielverlauf erscheinenden Asse und je eine Zwei jeder Farbe werden so ausgelegt, wie es das erste Foto zeigt.

Z

Auf je einem As jeder Farbe wird farbecht bis zur Dame aufgebaut, auf den anderen 4 Assen ebenfalls farbecht, aber springend (also in der Reihenfolge As – Drei – Fünf usw.) bis zum König, auf je einer Zwei jeder Farbe farbecht und springend (Zwei – Vier – Sechs usw.) bis zur Dame. Die restlichen 4 Könige vervollständigen das Bild, in dem zum Schluß alle Damen und Könige wohlgeordnet oben liegen (s. Foto S. 106).

V

4 der im Spielverlauf erscheinenden Asse (eines von jeder Farbe) werden kreuzförmig in die Mitte gelegt. Auf ihnen wird bis zur Dame aufgebaut (s. o.). Erst wenn das innere As einer Farbe ausliegt, können das äußere und die Zwei ausgelegt werden. Zuerst prüft man, ob Karten der Hilfsreihen für die Auslage zu verwenden sind, dann wird der Talon einzeln abgehoben. Aber Achtung: Auf das äußere As oder die Zwei darf jeweils nur dann eine Karte gelegt werden, wenn auf dem farbgleichen inneren As bereits eine Karte gleichen oder höheren Wertes liegt! Man kann also außen keine Vier auflegen, wenn auf dem inneren As erst bis zur Drei aufgebaut wurde. (Nur den König darf man in jedem Fall auflegen, da es keinen höheren Wert gibt, und der gleiche Wert, d. h. der gleichfarbige König, innen gar nicht aufgelegt wird.) Nicht vergessen, immer zu prüfen, ob Hilfskarten verwendet werden können!
Nicht verwendbare Karten vom Talon kommen auf einen Ablagestapel, der nach dem Aufbrauchen des Talons zweimal umgedreht und als neuer Talon durchgespielt werden darf.

Die große Gesellschaft

Das Foto zeigt die Lage der Asse und Zweien. Es wird als Bild so nie erscheinen, weil ja von Anfang an auf diesen Grundkarten aufgebaut werden kann.

Die große Gesellschaft

Schlußbild

Fürst Metternich

(1 Spiel = 52 Karten)

A

8 Karten werden offen ausgelegt, 7 als Hilfskarten in Hufeisenform, die 8. als Grundkarte in den freien Raum in der Mitte (s. Foto).
Erscheint beim Auslegen ein König, wird er wieder unter den Talon gesteckt, und die nächste Karte wird dafür genommen.

Z

Alle Karten sollen zum Schluß auf der Grundkarte in einem Stapel vereinigt sein, der nach einem bestimmten Rechenschema aufgebaut wird.

V

Eine Karte, die auf die Grundkarte bzw. auf den darauf begonnenen Stapel gelegt werden kann, muß stets den doppelten Wert haben wie die oberste auf dem Stapel liegende Karte. Kommt man beim Verdoppeln des Wertes über die 13 (= König, also höchster Wert), zieht man 13 ab. Ist beispielsweise die Grundkarte eine Dame, so wäre der doppelte Wert 24, davon 13 ab: Auf die Dame folgt der Bube = 11.
Zunächst sieht man immer nach, ob der gesuchte Wert bei den Hilfskarten vorhanden ist. Ein dort entstehender Freiplatz wird vom Talon besetzt, solange es noch keinen Ablagestapel gibt, danach von diesem. Die oberste Karte des Ablagestapels spielt mit.
Die Karten des Talons werden einzeln abgehoben. Der Talon darf dreimal durchgespielt werden. Wenn die Patience aufgeht, bleiben am Ende die 4 Könige übrig, die um den Stapel herumliegen.
Man wird sich fragen, wieso – wenn man keinen Fehler macht – die Könige immer übrigbleiben. Aber das ist ganz einfach. Beim Verdoppeln der Werte kann die 13 nie vorkommen, da sich stets gerade Zahlen ergeben. Um aber beim Abziehen von 13 nach dem Verdoppeln die 13 zu erhalten, müßte ja ein König auf dem Stapel liegen ($13 \times 2 - 13$). Auch das ist nicht möglich, denn wenn man einen König nur hinlegen kann, wenn bereits einer liegt, müßte man ihn als Grundkarte ausgelegt haben. Doch wir haben ja alle Könige, die beim Auslegen erschienen, unter den Talon gesteckt. Also: kein König als Grundkarte, kein König später im Stapel!

Die Königskerze

(2 Spiele = 104 Karten)

A

Die 8 Zweien werden herausgesucht und in einer senkrechten Reihe ausgelegt, immer abwechselnd rot und schwarz.

Z

An die Zweien soll nach rechts schuppenförmig steigend im Rot-Schwarz-Wechsel bis zum König angelegt werden. Zum Schluß werden die fertigen Familien zusammengeschoben, so daß statt der Reihe der Zweien jetzt die Könige untereinander liegen.

V

Man zählt die obersten 30 Karten vom Talon ab und spielt diesen kleinen Stapel durch. Erscheinen Dreien oder weitere Anschlußkarten, werden sie sofort rechts an entsprechende Zweien angelegt (rot an schwarz und umgekehrt). Auftauchende Asse schiebt man links etwas unter eine passende Zwei (d. h. eine von entgegengesetzter Farbe). Jedesmal, wenn ein As angelegt wird, kommt sofort links daneben die nächste der 30 Karten. An sie kann dann nach links fallend – ebenfalls rot an schwarz und umgekehrt – angelegt werden. Nicht brauchbare Karten bilden einen Ablagestapel, dessen oberste Karte mitspielt.

Sind die 30 Karten durchgespielt, wird der Ablagestapel unter den Talon geschoben, und nun wird der Talon durchgespielt.

Sobald eine der nach links angelegten Reihen im Wert ihrer letzten Karte Anschluß an irgendeine der im Aufbau befindlichen gemischten Familien rechts hat, wird sie dorthin umgelegt, denn das Ziel ist es ja, zum Schluß alle Karten rechts angeschlossen zu haben. Entsteht auf diese Weise links eine Freistelle, wird sie mit der obersten Karte des Ablagestapels belegt (und falls dieser aufgebraucht ist, mit der nächsten Karte des Talons).

Der Talon darf noch ein zweites Mal durchgespielt werden.

Die Patience geht verhältnismäßig oft auf. Man kann sich ein erschwerendes Hindernis einbauen, indem man die durch das Umlegen der Teilreihen von links nach rechts entstehenden Freistellen nicht neu besetzt oder indem man auch nach rechts erst dann anlegt, wenn bereits ein As links neben die Zwei gelegt wurde.

Für alle, die sich wundern, warum zuerst ein Teil des Talons für sich durchgespielt wird: Auf diese Weise ist man sicher, daß man nicht noch Asse ganz unten im Talon findet, durch die vorher ganze Reihen blokkiert werden.

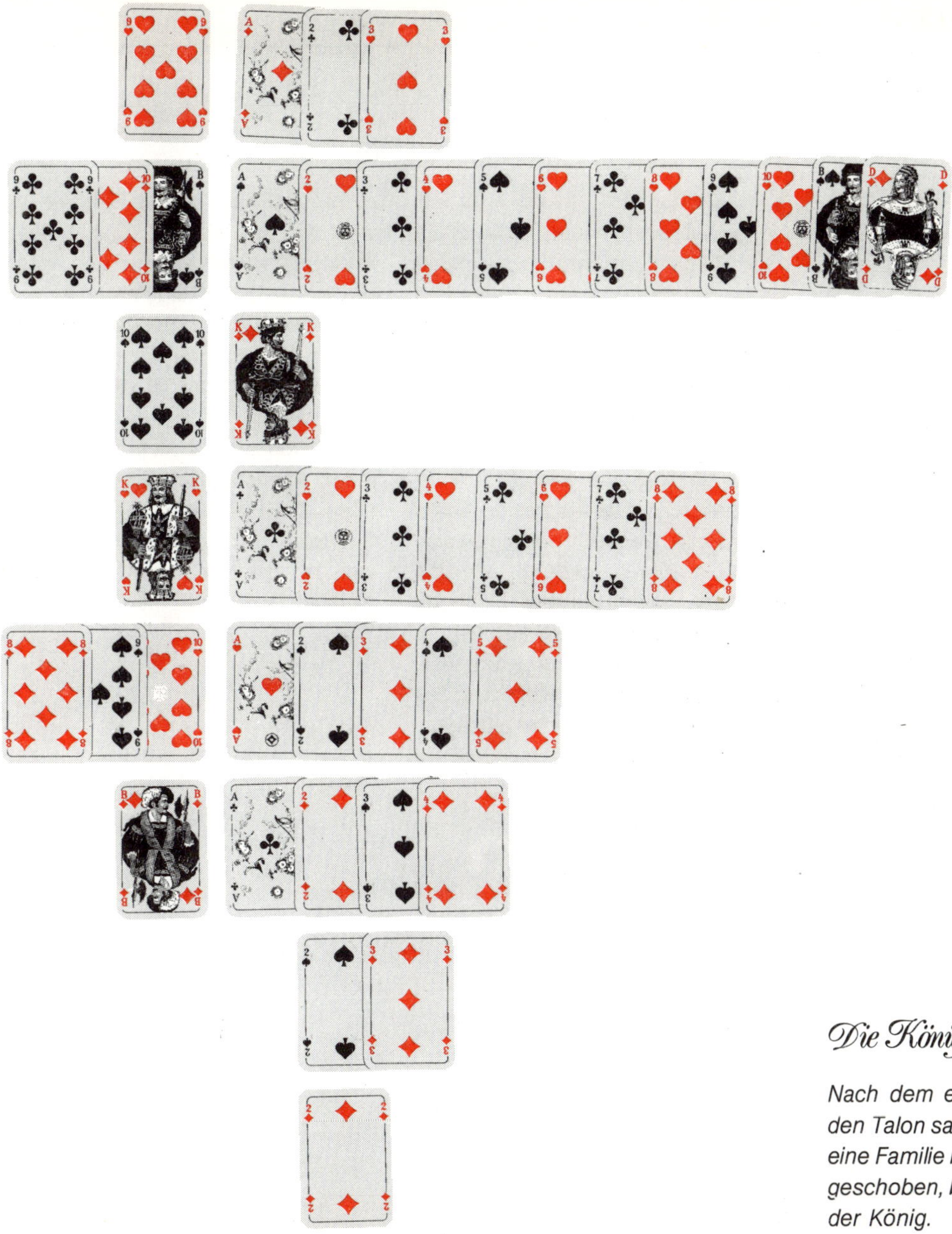

Die Königskerze

Nach dem ersten Durchgang durch den Talon sah unser Bild so aus: Erst eine Familie ist fertig und zusammengeschoben, bei einer 2. fehlt nur noch der König.

Der Eisbrecher

(2 Spiele = 104 Karten)

A

Alle Asse werden aus den beiden Spielen sortiert. 4 davon (von jeder Farbe eines) werden zu je zweien neben- und untereinander in die Mitte gelegt, die restlichen 4 Asse scheiden aus. Nun legt man die ersten 10 Karten vom Talon rund um die Asse.

Z

Auf den Assen sollen die 4 reinen Familien bis zum König aufgebaut werden.

V

Liegen bei den 10 Karten rund um die Asse Zweien, so werden sie sofort auf die farbgleichen Asse gelegt und vom Talon ersetzt, so daß wieder 10 Karten daliegen. Man kann sie schon beim Auslegen auf die Asse legen und gleich die nächste Karte vom Talon nehmen.

An die 10 Hilfskarten kann fallend angelegt werden. Dabei spielt die Farbe keine Rolle. Es kann beispielsweise durchaus ein Karo-Bube an eine Pik-Dame gelegt werden. Umlegen ist erlaubt. Auch Folgen von 2 oder 3 Karten dürfen noch umgelegt werden. Ergeben sich Freiplätze, werden sie mit Karten vom Talon neu besetzt. Erst wenn gar nichts mehr umzulegen ist, wird eine Karte vom Talon genommen. Bringt sie das Spiel weiter, wirkt sie also wie ein »Eisbrecher«, kann man fortfahren, und erst, wenn das Spiel wieder festgefahren ist, wird wieder eine Karte des Talons abgehoben. Sobald eine Talonkarte nicht zu verwenden ist, gilt das Spiel als gescheitert.

Die Patience geht nicht oft auf. Auf jeden Fall ist geschicktes Umlegen nötig. Ein Handikap ist es, daß mit 2 Spielen nur 4 Familien aufgebaut werden, die Hälfte der Karten also nicht zu verwenden ist.

Der Eisbrecher

Es kann nichts mehr umgelegt werden. Die nächste Karte vom Talon, die Karo-Fünf, ist auch kein »Eisbrecher«: Die Patience ist schon früh zu Ende.

Talon

Die Jakobsleiter

(1 Spiel = 52 Karten)

A

Die Herz-Familie wird – mit dem As beginnend – treppenförmig ausgelegt (s. Foto). Auch der Pik-König wird aus dem Spiel gesucht und kommt neben die »Leiter«.
Die restlichen 38 Karten werden in 6 Reihen zu je 6 Karten und einer 7., aus den letzten 2 Karten bestehenden Reihe offen ausgelegt.

Z

Der Pik-König als Jakob, der die Leiter erklimmen muß, liegt am Ende über dem Herz-König, die Hilfsreihen sind restlos abgebaut.

V

Man nimmt aus der obersten Reihe 2 Karten heraus und zieht den niedrigeren Wert der beiden von dem höheren ab. Die Differenz ist die Zahl der Stufen, die der Pik-König oder »Jakob« hinaufsteigen darf. Hat man beispielsweise einen Buben und eine Fünf herausgenommen (die Farben spielen keine Rolle), so zieht man 5 vom Wert des Buben (= 11) ab: Der Jakob kommt auf die Sechs. Nehmen wir an, die beiden nächsten Karten sind eine Zehn und ein As. Die Differenz (also 9) wird zum Wert der Leitersprosse, auf der der »Jakob« steht, im Falle unseres Beispiels also zur Sechs, addiert. Man erhält 15, eine Zahl, die die Zahl der Sprossen (13) übersteigt. In diesem Fall zieht man 13 ab. Als Rest bleibt also 2, damit steigt der »Jakob« 2 Stufen oder Sprossen weiter und steht auf der Acht. So geht es weiter. Die Differenz der beiden Kartenwerte ist stets die Zahl der Stufen, die der »Jakob« weitersteigen darf, aber stets minus 13, wenn er sonst mehr als 13 Stufen auf einmal steigen dürfte.
Wenn nur noch die beiden Karten der untersten Reihe übrig sind, hat man ja keine Wahl mehr. Man weiß also stets von Anfang an, wo der »Jakob« stehen muß, wenn er mit der Differenz dieser letzten beiden Karten den König erreichen soll. Das bedeutet, daß man schon in der 6. Reihe versuchen muß, die Kartenpaare so zusammenzustellen, daß zum Schluß genau die Schrittzahl nötig ist, die die beiden letzten Karten diktieren.

Die Jakobsleiter

Das Foto zeigt neben der »Leiter« mit dem »Jakob« auf Stufe 9 die beiden letzten Kartenreihen unseres Spiels. Die beiden Schlußkarten ergeben die Differenz 2. Wir fassen die 6. Reihe so zusammen:

Dame = 12 minus As = 1 ergibt 11: Jakob erreicht 7.
König = 13 minus Bube = 11 ergibt 2: Jakob erreicht 9.
8 minus 6 ergibt 2: Jakob erreicht 11.
Und zum Schluß die Differenz 2: Jakob erreicht sein Ziel, den König.

Der Olymp

(2 Spiele = 104 Karten)

A

Die 8 Asse und 8 Zweien werden in 2 Reihen in Form eines unten offenen Dreiecks ausgelegt, immer abwechselnd ein As und eine Zwei (s. Foto). In den freien Raum zwischen den beiden Reihen legt man 9 Hilfskarten in 3 Reihen, die unterste mit 5, die mittlere mit 3 Karten und darüber die letzte.

Z

Auf den Zweien wird bis zur Dame aufgebaut, auf den Assen bis zum König, jedesmal farbecht und springend (also 2 – 4 – 6 usw. und 1 – 3 – 5 usw.). Zum Schluß sind also alle »Götter und Göttinnen« auf den »Hängen des Olymp« versammelt.

V

Liegen bei den Hilfskarten passende Werte zum Aufbau auf den Grundkarten, so werden sie gleich aufgelegt. Die Freiplätze werden vom Talon neu besetzt.

Geht nichts mehr, wird der Talon abgespielt. Was nicht brauchbar ist, kommt auf einen Ablagestapel, dessen oberste Karte mitspielt.

Auf die Hilfskarten darf farbecht und springend, aber fallend aufgelegt werden. Sie dürfen jedoch nicht umgelegt werden.

Freiplätze bei den Hilfskarten werden auch jetzt mit Karten vom Talon neu besetzt, erst wenn er aufgebraucht ist, mit Karten vom Ablagestapel.

Man darf nicht vergessen, beim Abspielen des Talons die Hilfskarten im Auge zu behalten, damit die hier entstehenden Päckchen wieder abgebaut werden.

Der Talon darf nur einmal durchgespielt werden.

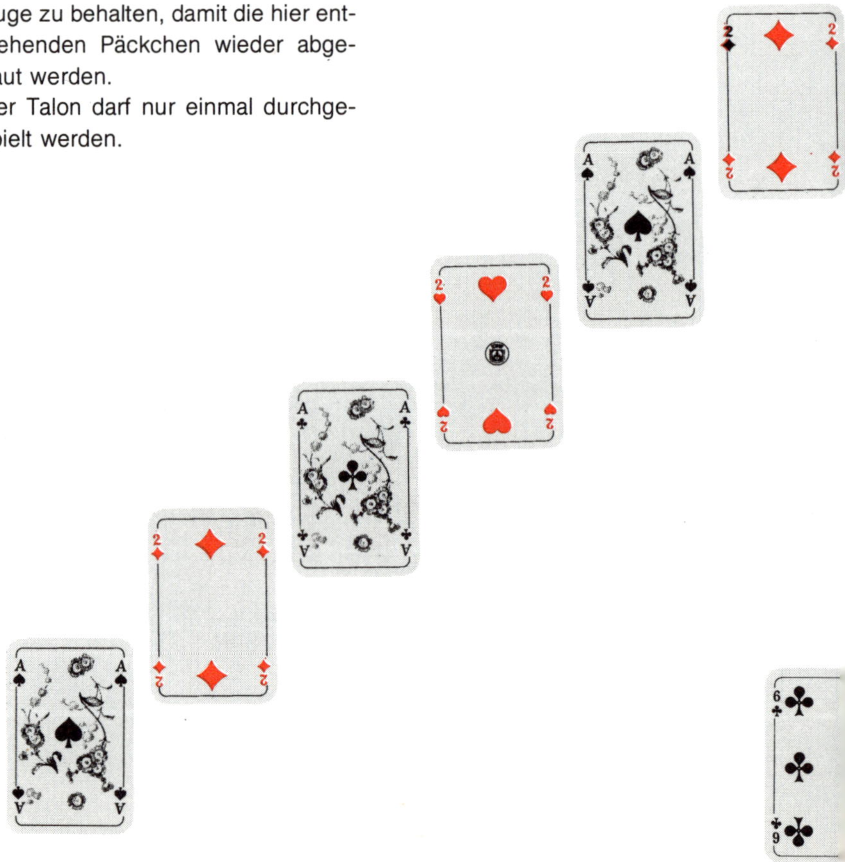

Der Olymp

Der Triumphzug

(2 Spiele = 104 Karten)

A

Zweimal 8 Päckchen zu je 4 Karten werden in 2 senkrechten Reihen offen untereinander gelegt. Dazwischen bleibt Platz für 2 weitere senkrechte Reihen (s. Foto).

Z

In dem freigelassenen Raum zwischen den Päckchen-Reihen wird auf den im Laufe des Spiels erscheinenden Assen und Zweien als Grundkarten so aufgebaut, daß zum Schluß eine Reihe Könige und eine Reihe Damen nebeneinander liegen, d. h. farbecht und auf den Assen die ungeraden Zahlen bis zum König, auf den Zweien die geraden bis zur Dame, also »springend«.

V

Grundkarten (Asse und Zweien), die bereits in der Auslage oben auf den Päckchen liegen, können gleich auf ihre Plätze in dem freien Raum gelegt werden (links die Asse, rechts die Zweien). Um ein schönes Schlußbild zu erhalten, legt man in der Senkrechten gleiche Farben nebeneinander und wechselt zwischen schwarz und rot. Wenn beim Herauslegen weitere Grundkarten oder Anschlußkarten frei werden, werden auch sie herausgelegt.
Die jeweils oberste Karte eines Päckchens kann man auch auf ein anderes Päckchen umlegen, wenn sie farbgleich und fallend darauf paßt (wie auf unserem Foto einige Kreuz-Karten). Läßt sich nichts mehr auf- oder umlegen, werden die Karten vom Talon einzeln abgehoben und auf ihre Verwendbarkeit geprüft. Unbrauchbares kommt auf einen Ablagestapel.

Nicht vergessen, stets die Hilfspäckchen im Auge zu behalten! Gelingt es, eines der Päckchen ganz aufzulösen, kann man vom Ablagestapel 4 Karten als neues Päckchen auf den freien Platz legen. (Falls kein Ablagestapel vorhanden ist oder zu wenig Karten dort liegen, nimmt man die Karten vom Talon.)
Wenn der Talon durchgespielt ist, werden alle Karten mit Ausnahme der Grundkarten und der darauf aufgebauten Folgen zusammengenommen, gemischt und neu ausgelegt. Dies darf man noch ein 3. Mal tun, wenn es nötig ist. Ist die Patience danach wieder festgefahren, gibt es noch eine letzte Möglichkeit: Man sucht aus 4 Päckchen jeweils eine Karte aus und bildet daraus ein weiteres Päckchen. Jetzt sollte die Patience aufgehen. Sie ist an sich nicht schwierig, doch man muß gut aufpassen, um keine Möglichkeit zu übersehen.

Der Triumphzug

Wir haben aus der Auslage 2 Zweien und ein As als Grundkarten herausgenommen (Herz und Karo). Dabei wurde eine Pik-Zwei frei und kam heraus, ebenso eine Karo-Drei, eine Herz-Vier und eine Pik-Vier. Nun kann man einiges umlegen: Kreuz-Zehn auf Kreuz-Buben, Kreuz-Fünf auf Kreuz-Sechs und darauf Kreuz-Vier. Wahrscheinlich ergeben sich dabei neue Möglichkeiten.

Der Regenbogen

(2 Spiele = 104 Karten)

A

Der gesamte Talon wird ausgelegt: 13 Päckchen aus je 8 Karten, halbkreisförmig wie auf unserem Foto.

Z

In dem freien Raum unter dem »Regenbogen« werden im Verlauf des Spiels je ein König und ein As jeder Farbe in 2 Reihen (eine Reihe Könige, eine Reihe Asse) gelegt und darauf farbechte Familien aufgebaut: auf den Königen fallend bis zum As, auf den Assen steigend bis zum König.

V

Liegen oben auf den Päckchen Grundkarten und eventuell schon passende Folgekarten, werden sie weggenommen und auf ihren Platz unter dem Halbkreis gelegt.

Die jeweils oberste Karte eines Päckchens kann auch auf ein anderes Päckchen umgelegt werden, wenn sie farbgleich steigend oder fallend paßt.

Wenn gar nichts mehr auf- oder umzulegen ist, wird bei allen 13 Päckchen die unterste Karte herausgezogen und obenauf gelegt. Nun kann das Spiel sicher weitergehen.

Insgesamt dreimal darf so die unterste Karte zur obersten gemacht werden. Ist die Patience dann wieder festgefahren, ist das Spiel zu Ende und nicht aufgegangen.

Liegen einmal 2 gleiche Karten auf den Päckchen frei und könnten aufgelegt werden, so darf man nachsehen, welche Karten sich darunter befinden, um dann die zum Auflegen benutzen zu können, durch die das Spiel weitergebracht wird.

Der Regenbogen

Bei unseren Päckchen lag ein Karo-König frei und zweimal der Pik-König. Ein Blick unter die beiden Könige zeigte unter dem einen eine Herz-Drei, unter dem anderen eine Pik-Dame. Da noch keine Herz-Drei frei-lag, wohl aber ein Pik-Bube, war die Entscheidung nicht schwer, welcher König genommen werden sollte.

Licht und Schatten

(2 Spiele = 104 Karten)

A

Die 8 Asse werden, am besten mit etwas Abstand zwischen den 4 roten und den 4 schwarzen, in einer waagerechten Reihe ausgelegt. Darunter kommen in 2 waagerechten Reihen die ersten 8 Karten des Talons (s. Foto.)

Z

Auf den Assen sollen rot-schwarze bzw. schwarz-rote Familien bis zum König aufgebaut werden.

V

Zunächst die Bedeutung der beiden Vierer-Reihen:

- Auf der oberen Reihe entstehen durch fallendes Auflegen – ebenfalls abwechselnd rot-schwarz oder schwarz-rot – kleine Hilfspäckchen, deren oberste Karte jeweils zum Aufbau der Familien auf den Grundkarten benutzt werden dürfen.
- Die untere Reihe ist nur »Zulieferer« zur oberen, d. h., passende Karten aus ihr können auf die der oberen Reihe aufgelegt werden (rot auf schwarz und umgekehrt und stets fallend). Auch wenn oben ein Päckchen aufgebraucht ist, wird der frei gewordene Platz mit einer Karte der unteren Reihe belegt. Dabei muß man jedoch stets gut überlegen, was man auf den freien Platz legt. Man sollte annehmen, daß es stets am günstigsten wäre, einen möglichst hohen Wert zu wählen, weil ja auf ihm wieder fallend aufgelegt werden kann. Aber oft ist ein niedriger besser, nämlich dann, wenn man sieht, daß man ihn bald beim Aufbau einer Familie brauchen könnte. Solange er in der unteren Reihe liegt, kann er ja nicht dafür verwendet werden.

  Lücken in der unteren Vierer-Reihe werden vom Ablagestapel oder – falls es keinen gibt – vom Talon gefüllt.

Und nun zum eigentlichen Spiel:
Man sieht nach, was aus der oberen Vierer-Reihe auf die Grundkarten paßt, und füllt die Lücken, die durch das Herausnehmen und Auflegen passender Karten entstehen, aus der unteren Reihe. Dann prüft man, ob Karten aus der unteren Vierer-Reihe auf Karten der oberen aufgelegt werden können. Lücken in der unteren Reihe, die so entstehen, füllt man vom Talon.
Nun werden die Karten des Talons einzeln abgehoben. Jedesmal, wenn eine Karte davon verwendet werden konnte – zum Aufbau der Familien oder zum Auflegen auf ein Hilfspäckchen –, muß die obere und, falls eine Karte von ihr weggenommen wird, auch die untere Vierer-Reihe wieder überprüft werden.
Nicht verwendbare Karten vom Talon bilden einen Ablagestapel, dessen oberste Karte mitspielt und der nach dem ersten Durchgang durch den Talon noch einmal als neuer Talon durchgespielt werden darf.
Dies ist wieder eine Patience, die volle Aufmerksamkeit erfordert, besonders durch die verschiedenen Aufgaben der beiden Hilfsreihen.

Licht und Schatten

Die Konstitution

(2 Spiele = 104 Karten)

A

Man legt 2 waagerechte Reihen von je 8 Karten offen aus und läßt dazwischen genügend Platz für eine 3. Reihe (s. Foto).

Z

Alle Karten werden in 8 Päckchen in dem freien Raum aufgebaut. Die Farben spielen dabei keine Rolle.

V

Als erste Karte kommt in den freien Raum zwischen den beiden Reihen der Auslage unter jede Karte der oberen Reihe eine, die im Wert auf die Karte der oberen Reihe folgt; unter die Pik-Zehn und die Karo-Zehn unseres Fotos also irgendein Bube, unter die Herz-Fünf irgendeine Sechs usw. Dazu nimmt man passende Karten aus der unteren Reihe der Auslage. In der Auslage unseres Fotos wären das 5 Karten. Nur die Kreuz-Zwei, eine Drei und die Pik-Fünf bleiben übrig.

Nun legt man in die unterste Reihe weitere 8 Karten vom Talon – auf die freigewordenen Plätze und auf die übriggebliebenen Karten – und versucht, die verbliebenen Lücken in der mittleren Reihe zu füllen. Gelingt es wieder nicht, werden weitere 8 Karten ausgelegt, solange, bis auf jedem Platz der mittleren Reihe eine Karte liegt.

Von jetzt ab darf auf den Karten der mittleren Reihe aufgebaut werden, und zwar wieder ohne Berücksichtigung der Farbe steigend. Auf unseren Buben ganz links in der Auslage unseres Fotos käme also jetzt eine Dame.

Benutzt werden können immer die obersten Karten der Päckchen der untersten Reihe.

Gibt es – was öfter vorkommt – die Möglichkeit, zwischen 2 Karten zu wählen, sollte man diejenige vorziehen, die auf dem dickeren Päckchen liegt, damit dieses etwas abgetragen wird!

Der ganze Talon wird in jeweils 8 Karten ausgelegt, und dabei muß es gelingen, alle Karten nach und nach in der mittleren Reihe aufzulegen. Den Abschluß der dort entstehenden Päckchen bildet dann die entsprechende Karte der oberen Reihe, die man verdeckt auflegt, so daß zum Schluß 8 verdeckte Päckchen in einer Reihe liegen.

Die Maus

(2 Spiele = 104 Karten)

A

Der gesamte Talon wird in der Form einer angefangenen Spirale ausgelegt. Unser Foto zeigt die Reihenfolge, in der die Karten gelegt werden, eine Lage auf die andere. Je ein König und ein As jeder Farbe werden bei ihrem Erscheinen als Grundkarten in je einer senkrechten Reihe links und rechts der »Maus« herausgelegt, auf der einen Seite die Könige, auf der anderen die Asse.

Z

Auf den Königen werden farbechte Familien fallend bis zum As aufgebaut, auf den Assen steigend bis zum König.

V

Wenn beim Auslegen eine Grundkarte erscheint und herausgelegt wird, zählt sie nicht mit, d. h. ihr Platz in der »Maus« bleibt nicht frei, sondern wird von der nächsten Karte vom Talon besetzt!

Während des Auslegens ist jeweils die letzte (also die 11.) Karte einer Runde frei und kann, wenn sie paßt, schon auf eine Grundkarte aufgelegt werden. Sie zählt dann ebenfalls nicht und wird sofort durch die nächste Karte vom Talon ersetzt (die natürlich dann ebenfalls als 11. wieder frei ist).

Wenn der gesamte Talon ausgelegt ist, können alle auf den 11 Päckchen oben liegenden Karten zum Auflegen auf die Grundkarten benutzt werden. Man kann sie auch einzeln von einem Päckchen zum andern umlegen, wenn sie farbgleich steigend oder fallend dorthin passen.

Gelingt es, eines der 11 Päckchen der »Maus« ganz abzubauen, kann man eine freie, also oben liegende Karte eines anderen Päckchens auf den freien Platz legen.

Wenn nichts mehr auf- oder umzulegen ist, nimmt man die 11 Päckchen zusammen: Auf das umgedrehte, also verdeckt liegende erste kommt das 2. usw. Man legt neu aus wie vorher und versucht es noch einmal.

Sollte die Patience wieder festgefahren sein, nimmt man die Päckchen ein 2. Mal zusammen, um neu auszulegen. Diesmal beginnt man mit dem Päckchen Nr. 7, legt darauf die Nummern 8 bis 11, dann Nr. 5 und rückwärts bis zum ersten.

Geht es auch jetzt nicht mehr weiter, ist die Patience nicht aufgegangen.

Diese Patience macht schon durch ihre ausgefallene Auslage Spaß, auch wenn sie nicht oft aufgeht.

1
2
3
4
10
11
5
9
8
7
6

Die Fliege

(2 Spiele = 104 Karten)

A

Man sucht die Siebenen und Sechsen heraus und legt sie in 2 Reihen aus (s. Foto). Die ersten 10 Karten vom Talon bilden dann ein offenliegendes (Hilfs-)Päckchen, die »Fliege«.

Z

Auf den Siebenen wird im Rot-Schwarz-Wechsel steigend bis zum König aufgebaut, auf den Sechsen ebenfalls rot auf schwarz und umgekehrt, aber fallend, bis zum As.

V

Der Talon wird einzeln abgehoben und jede Karte auf ihre Verwendbarkeit überprüft. Nicht verwendbare Karten kommen bei dieser Patience nicht auf einen, sondern auf 4 Ablagestapel, auf die man sie nach Belieben verteilen kann.

Alle obenliegenden Karten auf der »Fliege« und auf den 4 Ablagestapeln spielen mit. Man muß also stets die insgesamt 5 Päckchen im Auge behalten. Liegt einmal die gleiche Karte auf der »Fliege« und auf einem der Ablagestapel frei, so muß stets die Karte der »Fliege« zuerst aufgelegt werden.

Ist der Talon aufgebraucht, ohne daß die Patience aufging, nimmt man die 4 Ablagestapel von links nach rechts aufeinander und legt neu aus. Diesmal verteilt man die nicht zu verwendenden Karten auf nur 3 Ablagestapel.

Die Patience erfordert durch die Vielzahl von Kartenpäckchen, die überwacht werden müssen, große Aufmerksamkeit.

»Fliege«

Das Viereck

(2 Spiele = 104 Karten)

A

6 Karten legt man offen nebeneinander aus, dann links und rechts noch einmal je 3 Karten senkrecht, so daß ein unten offenes Viereck entsteht (s. Foto). Die 13. Karte vom Talon kommt in den freien Raum zwischen den 3 Kartenreihen. Sie gibt den Wert der Grundkarten an.

Z

Auf den im Laufe des Spiels erscheinenden Grundkarten werden steigend farbechte Familien aufgebaut. (Wenn – wie bei der Auslage auf unserem Foto – eine Zehn als erste Grundkarte ausgelegt wurde, wird auf allen Zehnen bis zur Neun aufgebaut, so daß zum Schluß nur noch 2 Reihen von je 4 Päckchen vorhanden sind, die alle mit einer Neun enden.)

V

Sind in der Auslage weitere Grundkarten oder auch schon Anschlußkarten vorhanden, werden sie sofort herausgelegt. Im Rahmen selbst darf umgelegt werden, wenn eine Karte fallend und farbgleich an eine andere paßt. Frei werdende Plätze werden vom Talon neu besetzt.

Nun beginnt man mit dem Abspielen des Talons. Die Karten werden einzeln abgehoben. Erscheinende Grundkarten werden herausgelegt, andere, wenn sie passen, auf- oder im Rahmen angelegt. Hier legt man am besten schuppenförmig nach außen, damit man immer sieht, welche Karten vorhanden sind, denn man darf ganze Folgen umlegen, wenn sie an eine andere Karte anschließen (also beispielsweise die Folge Herz-Neun – Herz-Acht an eine Herz-Zehn).

Karten des Talons, die im Augenblick nicht zu verwenden sind, bilden einen Ablagestapel. Werden im Laufe des Spiels Plätze im Rahmen frei, belegt man sie von diesem Ablagestapel und nur, wenn keiner vorhanden ist, vom Talon.

Die Patience muß beim ersten Durchgang aufgehen, denn der Ablagestapel darf kein 2. Mal durchgespielt werden.

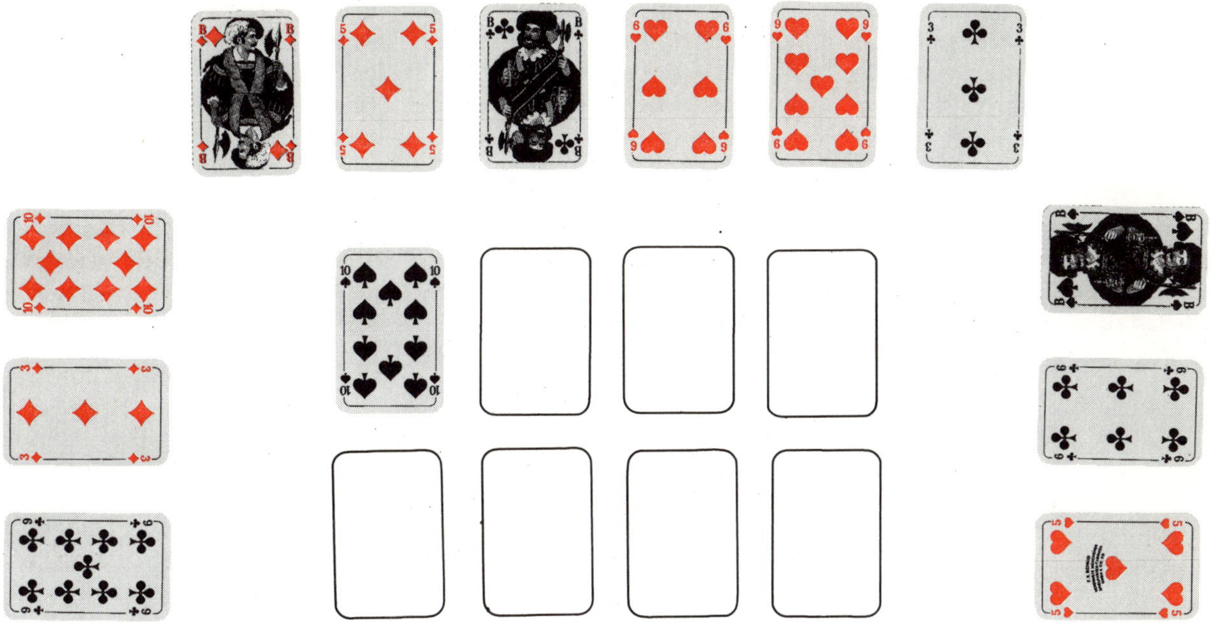

Die Schwierige

(2 Spiele = 104 Karten)

Trotz ihres Namens ist diese Patience so schwierig nicht. Aber es ist doch Überlegung und vor allem viel Hin- und Herlegen nötig, damit sie aufgeht.

A

Je ein As und einen König jeder Farbe legt man in einer waagerechten Reihe aus, doch mit einem Abstand von 2 Karten zwischen den beiden Gruppen. Darunter kommt eine offene Reihe von 12 weiteren Karten, von denen 8 unter den Assen und Königen liegen, 4 jedoch keine Karte über sich haben (s. Foto).

Z

Reine Familien sollen aufgebaut werden – steigend bis zum König auf den Assen, fallend bis zum As auf den Königen.

V

Gibt es auf den 4 Plätzen der Zwölfer-Reihe, die nicht unter den Grundkarten liegen, Zweien, Damen oder eventuell auch schon eine Anschlußkarte, so können sie sofort herausgelegt werden. Passende Karten jedoch, die unter den Grundkarten liegen, dürfen nur dann benutzt werden, wenn sie unter einer Grundkarte ihrer eigenen Farbe liegen. (Auf unserem

Foto kann die Pik-Zwei auf das As gelegt werden, denn sie liegt unter dem Pik-König. Die Pik-Dame dagegen bleibt auf ihrem Platz, weil sie unter einem Herz-König liegt. Zu verwenden ist auch die Karo-Zwei, da sie keine Karte über sich hat.) Die Karten der Zwölfer-Reihe dürfen um- und an andere Karten der Reihe angelegt werden, wenn sie passen: steigend oder fallend, aber stets farbgleich. Auch allmählich entstehende Folgen können umgelegt werden. Frei werdende senkrechte Reihen werden durch Umlegen von Einzelkarten oder Serien wieder belegt.

Geht nichts mehr, legt man eine 2. Zwölferreihe aus und prüft danach wieder, was zu machen ist. Jedesmal, wenn nichts mehr auf- oder umzulegen ist, folgt eine weitere Zwölfer-Reihe vom Talon.

Ist der Talon ganz ausgelegt, ohne daß die Familien aufgebaut werden konnten, werden die senkrechten Reihen zusammengeschoben und aufeinander gelegt. Ohne zu mischen, legt man alle Restkarten nochmals wie vorher in Zwölfer-Reihen aus. Danach müßte die Patience aufgehen.

Königspatience

(2 Spiele = 104 Karten)

A

Die 8 Könige werden herausgesucht und in 2 waagerechten Reihen ausgelegt (gleichfarbige untereinander).

Z

Auf den oberen 4 Königen soll farbecht steigend bis zur Dame aufgebaut werden, auf der unteren Reihe ebenfalls farbecht, aber fallend bis zum As. Zum Schluß liegt also eine As-Reihe unter einer Damen-Reihe.

V

Die Karten werden einzeln vom Talon abgehoben. Bei jeder sieht man zuerst nach, ob sie auf den Grundkarten abgelegt werden kann (zuerst also Asse in der oberen Reihe, Damen in der unteren). Die ersten 13 nicht zu verwendenden Karten werden in 2 waagerechten Reihen offen ausgelegt (zweimal 6 Karten und die 13. etwas seitlich). Dabei zählt man mit: Wenn der Wert einer Karte der Nummer ihres Platzes entspricht, legt man sie verdeckt beiseite.

Auf diesen ersten 13 Karten legt man nun weiter alle Karten, die nicht auf die Grundkarten passen, in der gleichen Weise aus. Das letzte (13.) der entstehenden Päckchen wird geschuppt gelegt, so daß man stets sehen kann, welche Karten es enthält.

Ist der ganze Talon ausgelegt, sieht man zuerst nach, ob wieder etwas auf die Grundkarten(folgen) aufgelegt werden kann. Von den ersten 12 Päckchen ist jeweils die oberste Karte zu verwenden, vom 13. alle.

Wenn nichts mehr geht, nimmt man die oberste der verdeckt beiseitegelegten Karten. Paßt sie auf eine der Grundkartenfolgen, wird sie dort aufgelegt und die nächste genommen. Paßt sie nicht, steckt man sie unter das Päckchen, dessen Platznummer ihrem Wert entspricht, ein As also unter das erste Päckchen, eine Dame unter das 12. Nun wird die oberste Karte dieses Päckchens weggenommen und ebenfalls unter das Päckchen gesteckt, das die Platznummer ihres Wertes hat. So geht es so lange weiter, bis die wegzunehmende oberste Karte eines Päckchens auf eine Grundkartenfolge aufgelegt werden kann. Danach werden wieder alle freiliegenden Karten angesehen und auf ihre Verwendbarkeit geprüft. Wenn wieder nichts mehr aufzulegen ist, kommt die nächste der verdeckten Karten an die Reihe.

Wenn die verdeckten Karten aufgebraucht sind, werden alle Päckchen zusammengenommen, zuerst die obere Reihe, Päckchen auf Päckchen, dann das 13., danach die untere Reihe. Wieder wird wie vorher ausgelegt, und alles beginnt von vorn. Noch ein 2. Mal dürfen die Karten zusammengenommen und neu ausgelegt werden. Danach müßte die Patience aufgehen.

Besteht im Laufe des Spiels zwischen der oberen und der unteren Grundkarten-Reihe ein Anschluß (liegt also z. B. oben eine Fünf und unten von der gleichen Farbe eine Sechs), so dürfen die Karten einzeln von der einen Reihe in die andere umgelegt werden, wenn dadurch eine freiliegende Karte auf einem der Päckchen unten aufgelegt werden kann!

Wenn die Karten ungünstig liegen, kann man bei dieser Patience nicht allzuviel zum Gelingen beitragen. Aber sie erfordert viel Konzentration, damit man bei dem etwas komplizierten Spielverlauf nicht den Überblick verliert.

Königspatience

Unser Foto zeigt das Bild nach dem Auslegen der letzten Dreizehner-Reihe.

3. Kapitel

Patiencen für erfahrene und anspruchsvolle Spieler

Das Windrad

(2 Spiele = 104 Karten)

A

Die ersten 12 Karten werden offen und geschuppt in einer senkrechten Reihe ausgelegt.

Z

Die im Laufe des Spiels erscheinenden Asse werden, wie es unser Foto zeigt, in Kreisform (wie ein Windrad) ausgelegt und auf ihnen werden gemischte (»unechte«) Familien bis zum König aufgebaut.

V

Die senkrechte Hilfsreihe wird im Spielverlauf abgebaut. Ihre unterste Karte ist frei und kann benutzt werden, wenn sie auf eine Grundkartenfolge paßt. Liegen Asse oder niedrige Werte weiter oben in dieser Reihe, muß man sich bemühen, sie möglichst rasch abzubauen, um an diese Karten heranzukommen. Der Talon wird einzeln abgehoben. Erscheinen dabei Asse, werden sie herausgenommen und als Grundkarten in das »Windrad« gelegt. An den Karten, die nicht verwendet werden können, bildet man nach und nach vier senkrechte Reihen. Das heißt jedoch nicht, daß man nun gleichmäßig je 4 Karten nebeneinander legen muß, eine Reihe nach der anderen. Man muß sich überlegen, wo jeweils der günstigste Platz ist. Es ist auch erlaubt, von einer der entstehenden senkrechten Reihen zu einer anderen umzulegen (auch von der Zwölfer-Reihe in die vier senkrechten Reihen, aber nicht umgekehrt), d. h. man darf fallend anlegen, wobei die Farbe – ebenso wie beim Auflegen auf die Asse – überhaupt keine Rolle spielt. Könige können nicht umgelegt werden, denn da fallend angelegt wird, ergibt sich für sie keine Möglichkeit. Daher muß man versuchen, einen störenden König auf eine Freistelle zu bringen, wenn eine senkrechte Reihe leer wird. Am besten hebt man sich eine der Reihen für einen störenden König auf. Auch ein störender König in der Zwölfer-Hilfsreihe kann auf einer solchen Freistelle abgelegt werden, wenn er noch auf keiner As-Folge untergebracht werden konnte. Umgelegt werden dürfen nur einzelne Karten. Es gibt eine kleine Hilfe: Eine einzige Karte darf jeweils in den »Keller« gelegt werden, wenn sie stört. Sobald sie verwendet werden kann, darf man eine andere herauslegen. Der Talon darf nur einmal durchgespielt werden.

Die Patience ist schwierig, und man wird nur allmählich einen Weg finden, alle Karten so auszulegen, daß man sich nicht alle Chancen verbaut.

Das Windrad

So sah unser Bild nach dem Auslegen der ersten 16 Karten aus. Erst 3 Asse waren erschienen.

Fanny

(2 Spiele = 104 Karten)

A

Eine senkrechte, am besten geschuppte Reihe von 12 Karten wird offen ausgelegt.

Z

Auf den im Verlauf des Spiels erscheinenden Assen wird bis zum König aufgebaut, steigend, aber völlig gemischt, ohne jede Rücksicht auf die Farben.

V

Die unterste Karte der Auslage ist frei und kann verwendet werden, ebenso die untersten Karten der senkrechten Reihen, die im Laufe des Spiels entstehen.

Der Talon wird einzeln abgehoben. Alle Karten, die weder Grundkarten sind noch auf Grundkarten aufgelegt werden können, müssen in insgesamt 4 senkrechten Reihen untergebracht werden. Dabei muß man nicht sofort 4 Reihen anfangen, aber es dürfen insgesamt nur 4 sein.

Alles wird davon abhängen, wie geschickt man die Karten auf die 4 Reihen verteilt. Die Reihenfolge ist völlig dem Spieler überlassen. Weder Farbe noch Wert brauchen beachtet zu werden. Man sollte – oder besser muß – sehr gut überlegen, was man wo anlegt und vor allem, mit welchen Karten man eine Reihe beginnt. Niedrige Werte sollten möglichst nicht von höheren blockiert werden. Aber immer läßt sich das bei nur 4 Reihen nicht vermeiden. Schwierig wird es besonders, wenn in der Reihe der Auslage, bei der man die Reihenfolge ja nicht beeinflussen kann, niedrige Werte oder gar Grundkarten ganz oben liegen.

Ein Tip: Eine Reihe sollte man sich für ganz niedrige Werte freihalten, damit diese nicht auf einmal völlig eingeschlossen sind.

Eine sehr schwierige Patience, bei der man sich allmählich an eine günstige Legeart herantasten muß.

Fanny

Nach Auslegen von 20 Karten vom Talon hat sich ein günstiges Bild ergeben: Schon 2 »Familien« konnten bis zur Sechs bzw. Fünf aufgebaut werden. Allerdings wurde noch keine Karte der Auslage verwendet.

Wagner

(2 Spiele = 104 Karten)

A

Die ersten 4 Karten vom Talon bilden eine offene und waagerechte Hilfsreihe.
Darunter kommt eine weitere offene Reihe von diesmal 8 Karten.

Z

Auf den im Spielverlauf freiwerdenden Assen werden die reinen Familien bis zum König aufgebaut.

V

Man prüft zunächst, was man aus den beiden ausgelegten Reihen verwenden kann, legt Asse heraus und eventuell schon Folgekarten darauf.
Die Karten der Hilfsreihe kann man auch umlegen, denn auf sie darf farbecht und fallend aufgelegt werden, aber immer nur in einzelnen Karten (auch Karten aus der Achter-Reihe).
Wenn nichts mehr geht, legt man vom Talon weitere 8 Karten unter die erste Achter-Reihe, usw.
Gelingt es, eines der entstehenden Hilfspäckchen abzubauen, wird der Freiplatz mit einer der freiliegenden Karten der Achter-Reihen belegt.
Wird eine der 8 senkrechten Reihen ganz aufgelöst, kann man auf diesen Freiplatz einen König legen und an ihn fallend und farbecht anlegen.
Sonst darf an die senkrechten Reihen nicht angelegt werden!
Wenn nur noch 4 Karten des Talons übrig sind, werden diese als weitere Hilfskarten neben die ersten 4 gelegt und wie diese behandelt.

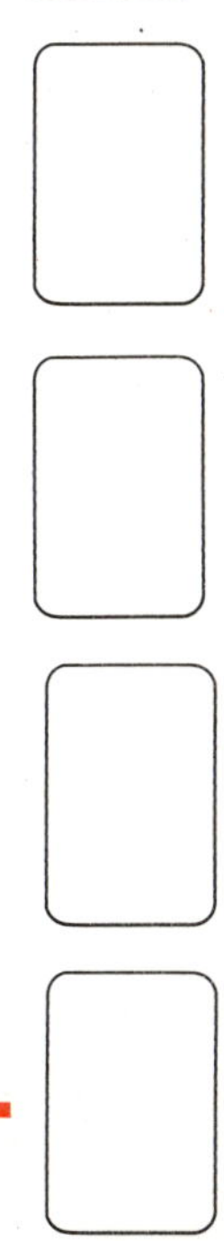

Wagner

Das Bild nach dem Anlegen der 3. Reihe vom Talon. Nur das Pik-As ist brauchbar, dann muß die nächste Reihe folgen.

Zerline

(2 Spiele = 104 Karten)

A

Man legt zweimal 4 Reihen zu je 5 Karten offen aus und läßt dazwischen Platz für 2 weitere, senkrechte Kartenreihen. Beim Auslegen erscheinende Könige werden in diesen freien Mittelraum gelegt.

Z

Auf den 8 im Spielverlauf erscheinenden Königen werden die reinen Familien vom As bis zur Dame aufgebaut.

V

Bevor man mit dem Abspielen des Talons beginnt, prüft man nach, ob Asse oder weitere Anschlußkarten in der Auslage vorhanden sind. Verwendet werden dürfen nur die in den waagerechten Reihen ganz außen freiliegenden Karten. An sie kann aber auch fallend und ohne Rücksicht auf die Farbe angelegt werden (also z. B. Karo-Acht an Kreuz-Neun oder Herz-Fünf an Karo-Sechs).
Die Karten des Talons werden nun einzeln abgehoben. Was nicht benutzt werden kann, kommt auf einen Ablagestapel.
Gelingt es, eine der waagerechten Reihen von außen her ganz abzubauen, kann man eine Dame auf den Freiplatz legen und an sie wieder anlegen.
Der Talon darf nur einmal durchgespielt werden. Dann muß es möglich sein, Hilfsreihen und Ablagestapel abzubauen und den Aufbau der Familien zu beenden.
Man sollte versuchen, auf Freistellen vor allem Damen aus der Auslage, d. h. den Hilfsreihen, zu legen, erst in zweiter Linie solche vom Talon oder vom Ablagestapel! In der Auslage blockieren sie den Weg zu weiter innen liegenden Karten. Solange sie nicht als innerste Karte in einer Reihe liegen, ist es auch nicht gut, an sie anzulegen. Man nimmt sich damit unter Umständen die Möglichkeit, sie auf eine Freistelle legen zu können, denn man darf immer nur einzelne Karten umlegen. Eine Hilfe ist es, daß man auch Karten von den Familien in der Mitte wieder in die Hilfsreihen zurücklegen darf, wenn sie dort benötigt werden.

Zerline

Durch Umlegen der Auslage und noch vor dem Abheben der ersten Karte vom Talon konnten 3 Könige freigespielt und auf den Herz-König noch As und Zwei aufgelegt werden. Das ergab einen Freiplatz, den man für eine Dame vom Talon aufheben kann, da die Damen der Auslage schon den günstigsten Platz ganz innen einnehmen.

Die verdeckte Acht

(2 Spiele = 104 Karten)

A

3 waagerechte Reihen zu je 8 Karten werden schuppenförmig untereinander gelegt, die beiden oberen verdeckt, die unterste offen.

Z

Auf den im Spielverlauf erscheinenden Assen sollen die reinen Familien bis zum König aufgebaut werden.

V

Liegt in der untersten Reihe ein As (oder mehrere), so wird es (werden sie) über die Auslage gelegt, darauf eventuell auch noch freiliegende Anschlußkarten. Die nächste – verdeckt liegende – Karte wird dann sofort umgedreht und kann mitverwendet werden.

An die freiliegenden Karten darf im Rot-Schwarz-Wechsel absteigend angelegt werden. Beim Abbau einer senkrechten Reihe kann auf die Freistelle eine beliebige Karte oder eine ganze Serie gelegt werden.

Wenn nichts mehr auf- oder umzulegen ist, werden 8 Karten vom Talon an die senkrechten Reihen angelegt, und man überprüft wieder die Möglichkeiten.

Ist auf diese Weise der gesamte Talon ausgelegt, muß es möglich sein, die Reihen ab- und die Familien fertig aufzubauen.

Die verdeckte Acht

3 Reihen sind vom Talon angelegt, aber das Spiel ist noch nicht viel weiter gekommen: Nur 2 Asse wurden herausgespielt.

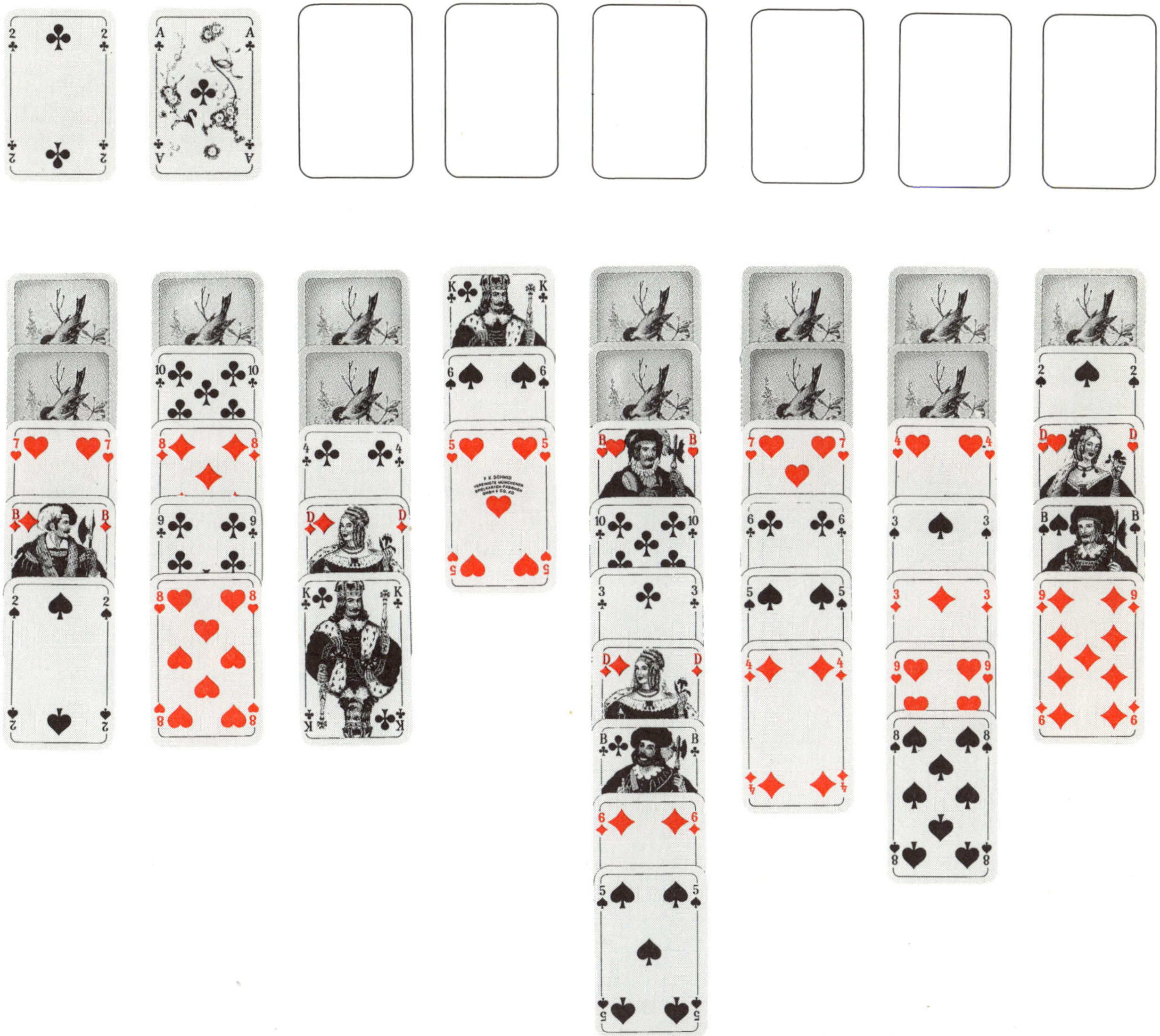

Die kleine Rechenpatience

(1 Spiel = 52 Karten)

A

Je eine Karte der Werte 1 (= As) bis 4 werden, ohne Rücksicht auf die Farbe, nebeneinandergelegt.

Z

An die 4 ausgelegten Karten soll nach einem bestimmten Schema senkrecht so angelegt werden, daß zum Schluß alle Karten in 4 senkrechten Reihen zu je 13 Karten untergebracht sind, die alle mit einem König enden.

V

Die Karten werden einzeln vom Talon genommen und auf ihre Verwendbarkeit überprüft.

Das Schema, nach dem angelegt wird, ist einfach: Die erste Karte, die an eine Karte der Auslage gelegt wird, muß den doppelten Wert der ausgelegten Karte haben. An das As kommt also eine Zwei, an die Zwei eine Vier, an die Drei eine Sechs und an die Vier eine Acht. Danach wird jeweils der Wert der obersten (zuerst ausgelegten) Karte zum Wert der untersten der Reihe hinzugezählt. An die Acht der 4. Reihe kommt also jetzt eine Dame (= 12).

Ist das Ergebnis der Addition ein höherer Wert als 13, so zieht man 13 ab: Unter einen Buben in der 3. Reihe legt man also ein As, denn $11 + 3 = 14 - 13 = 1$.

Karten, die im Augenblick nicht zu verwenden sind, kommen auf einen Ablagestapel, dessen oberste Karte mitspielt.

Eine Hilfe: Man muß die 4 Reihen nicht gleichmäßig weiterlegen, sondern darf Karten von einer Reihe zu einer anderen umlegen, wenn sie dort ein Weiterlegen ermöglichen. Aber der Längenunterschied der einzelnen Reihen sollte auch nicht zu groß werden. Die Könige sollte man zurückhalten und erst ganz zum Schluß auflegen.

Der Talon darf dreimal durchgespielt werden.

Die Patience ist an sich nicht schwierig. Man muß nur sehr gut aufpassen, damit man sich nicht verrechnet. Man kann sich natürlich eine Hilfstabelle mit der Reihenfolge der zu legenden Werte anfertigen, aber das nimmt dem Spiel viel von seinem Reiz.

21 Karten sind vom Talon abgespielt. 6 davon konnten angelegt werden. Gebraucht werden jetzt eine Zwei, eine Acht, eine Zwei und eine Dame. Die oberste Karte des Ablagestapels – die Drei – ist also auf den ersten Blick nicht zu verwenden. Legt man aber die Dame von der 3. in die 4. Reihe um, kann man die Drei dort anlegen.

Der Schmetterling

(1 Spiel = 52 Karten)

Diese Patience ähnelt der kleinen Napoleonpatience (s. S. 170) und ist auch genauso schwierig. Auch sie geht nur mit viel Überlegen auf und ist gerade deshalb sehr reizvoll.

A

Den Rumpf des »Schmetterlings« bildet die senkrechte Reihe der 4 Asse. Rechts und links davon liegen die Flügel: auf jeder Seite 5 Kartenreihen, die mittlere mit 4 Karten, die beiden oberen und die beiden unteren mit je 5 Karten (s. Foto).

Z

Auf den 4 Assen sollen die reinen Familien bis zum König aufgebaut werden.

V

Nur die 10 außen liegenden Karten der waagerechten Reihen dürfen benutzt werden. Wie bei der Napoleonpatience kann an sie auch ohne Rücksicht auf die Farbe steigend oder fallend – je nach Bedarf – angelegt werden, auch von fallend zu steigend wechselnd und umgekehrt, aber immer nur einzelne Karten. Wenn es gelingt, eine der Reihen ganz abzubauen, darf keine Karte auf die Freistelle gelegt werden.
Sind alle Möglichkeiten erschöpft, gibt es 3 »Kellerplätze«. Die Karten im »Keller« dürfen jedoch nur zum Aufbau der Familien benutzt werden. Ihr Platz kann nach dem Freiwerden neu belegt werden.
Es kommt darauf an, sich zu den innen liegenden Karten einen Weg zu schaffen! Dazu bedarf es vielen Hin- und Herlegens und Nachdenkens.

Der Schmetterling

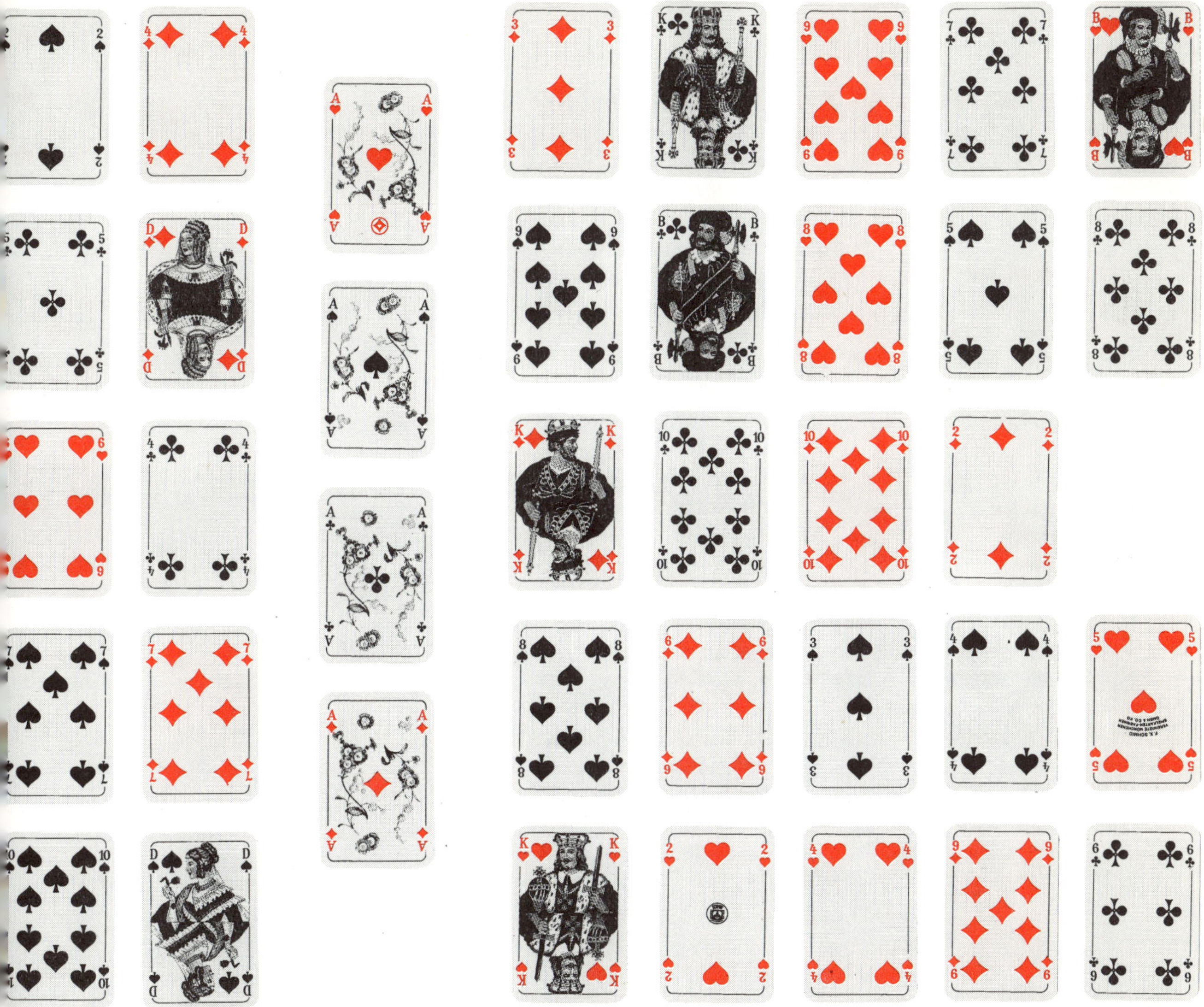

Dreizehn Päckchen

(2 Spiele = 104 Karten)

Z

Auf je einen König einer Farbe wird fallend bis zum As aufgebaut, auf je ein As steigend bis zum König, und zwar immer farbecht.

V

In 2 Reihen zu je 6 Karten wird nacheinander der gesamte Talon ausgelegt. Dies geschieht nach folgendem Schema: Die 12 Plätze der beiden Reihen haben die Nummern 1–12. Kommt nun beim Auslegen eine Karte auf einen Platz mit der ihrem Wert entsprechenden Nummer, also z. B. ein As auf Platz 1, ein Bube auf Platz 11, eine Dame *oder* ein König auf Platz 12, so wird sie verdeckt beiseite gelegt und durch die nächste Karte vom Talon ersetzt. Die beiseitegelegten Karten bilden einen Hilfsstoß, auf den auch jede 13. Karte gelegt wird. Ist der gesamte Talon ausgelegt, so sieht man zunächst nach, ob als oberste Karten Asse oder Könige liegen, die man als Grundkarten herauslegen kann. Auch frei liegende oder frei werdende Anschlußkarten können herausgelegt und auf die Grundkarten aufgelegt werden.
Wenn nichts mehr geht, nimmt man die oberste Karte vom Hilfsstoß. Ist es beispielsweise eine Zwei, so wird das Päckchen auf Platz 2 durchgesehen und alles zum Aufbau der Familien brauchbare herausgenommen und aufgelegt. Die Karte vom Hilfsstoß kann dabei mitverwendet werden, wenn sie paßt. Den Rest des Päckchens (mit der Karte vom Hilfsstoß, wenn sie nicht aufgelegt werden konnte) ordnet man so, wie man denkt, daß die Karten benötigt werden könnten. Aber man darf nicht vergessen, stets auch die obersten Karten der anderen Päckchen im Auge zu behalten und zu verwenden, sobald es geht.
Jedesmal, wenn es nicht mehr weitergeht, nimmt man die nächste Karte vom Hilfsstoß und verfährt mit ihr wie mit der ersten. Je größer der Hilfsstapel ist, desto wahrscheinlicher ist es, daß die Patience aufgeht.

Dreizehn Päckchen

Die oberste Karte des Päckchens der beiseite gelegten Karten ist ein König. Man schaut sich also das 12. Päckchen an. Es enthält eine Grundkarte (Herz-As) und die ebenfalls brauchbaren Karo-Zwei und -Drei. Sie und der Herz-König können aufgelegt werden. Der Rest wird so geordnet, wie man annimmt, daß die Karten benötigt werden könnten.

Päckchen Nr. 12

Anneliese

(2 Spiele = 104 Karten)

A

6 waagerechte Reihen zu je 8 Karten werden offen ausgelegt (am besten schuppenförmig, da die senkrechten Reihen recht lang werden können).

Z

Auf den im Spielverlauf freiwerdenden Assen sollen die reinen Familien bis zum König aufgebaut werden.

V

Zu verwenden sind wie üblich die untersten – freiliegenden – Karten der senkrechten Reihe. An sie darf auch angelegt werden, aber bei dieser Patience etwas kompliziert: stets fallend, und zwar an die gleichen Farbe oder rot an schwarz oder schwarz an rot, aber nicht an die zweite rote oder zweite schwarze Farbe, also z. B. Herz an Herz, Pik oder Kreuz, aber nicht an Karo. Von einer Reihe an die andere können sowohl Einzelkarten als auch Serien umgelegt werden, aber nur Serien, die aus einer einzigen Farbe bestehen, und auch diese unter den gleichen Bedingungen wie die Einzelkarten, also z. B. keine Pik-Serie an eine Kreuz-Karte, wohl aber an Pik, Herz oder Karo.
Schon in der Auslage freiliegende oder beim Umlegen freiwerdende Asse und Anschlußkarten werden über das Bild gelegt. Kann nichts mehr ab- oder umgelegt werden, werden die Karten vom Talon einzeln abgehoben. Es gibt keinen Ablagestapel. Alle Karten, die nicht verwendet werden können, legt man an die erste senkrechte Reihe an. Diese wird dadurch immer länger, so daß man ständig darauf achten muß, ob man nicht die eine oder andere Karte aus dieser ersten Reihe wieder irgendwo anders unterbringen kann.
Gelingt es, eine der senkrechten Reihen völlig abzubauen, kann auf die Freistelle jede Karte, auch eine farbechte Serie, gelegt werden.
Diese Patience ist sehr schwierig, vor allem durch die ganz gemischte erste Reihe. Aber auch in den anderen Reihen sollte man gut überlegen, was man macht, denn sobald man z. B. Folgen aus verschiedenen Farben hat, kann man sie ja nur noch einzeln umlegen. Man versperrt sich also leicht den Weg zu weiter oben liegenden Karten. Durch geschicktes Hin- und Herlegen ist es aber möglich, eine Reihe wieder zu entwirren. Dabei hilft auch die Möglichkeit, einzelne Karten oder farbechte Folgen an die erste Reihe zu legen, wenn sie stören. Wenn der Talon ganz aufgebraucht ist, muß es möglich sein, die Reihen aufzulösen und die Familien fertig aufzubauen.

Anneliese

Die Ausweichreihe links ist schon recht lang geworden, und in der 2. Reihe haben wir uns den Zugang zur Karo-Fünf, die oben angelegt werden könnte, durch Anlegen von Pik-Vier und Herz-Drei verbaut.
Auf den Freiplatz legt man am besten die Pik-Folge, dann Kreuz-Drei an Kreuz-Vier, die Karo-Dame an den Karo-König, und wieder ist eine Reihe leer.

Komtesse

(2 Spiele = 104 Karten)

A

11 Karten werden als Hilfsreihe offen ausgelegt. Von den nächsten 3 Karten, die vom Talon abgehoben werden, wählt man eine als Grundkarte aus. Die beiden anderen beginnen unter den Hilfskarten eine 2. Reihe, die auf 9 Karten ergänzt wird.

Z

Auf den Grundkarten werden Familien im Rot-Schwarz-Wechsel aufgebaut. Da steigend aufgebaut werden soll, muß man die 3 Karten, aus denen die Grundkarte ausgewählt werden soll, unter dem Gesichtspunkt prüfen, welche der Karten aus der Hilfsreihe am ehesten verwendet werden kann.

V

Die Hilfsreihe wird von rechts nach links abgebaut, d. h. man kann immer nur die ganz rechts liegende Karte verwenden. An die Karten der 2. Reihe kann fallend und ebenfalls im Rot-Schwarz-Wechsel angelegt werden. Von einer Reihe darf an eine andere umgelegt werden, aber nur einzeln. Entstehende Freiplätze werden mit Karten vom Talon neu besetzt. Gibt es mehrere Freiplätze gleichzeitig, darf man vorübergehend eine Folge, die man umlegen möchte (was ja nur in Einzelkarten möglich ist) auf die Freiplätze verteilen und an anderer Stelle wieder anlegen. (Hat man z. B. in einer Reihe Karo-König und Kreuz-Drei, in einer anderen Karo-Bube – Pik-Zehn – Herz-Neun und dazu 2 Freiplätze, so legt man die Neun und die Zehn auf die Freiplätze, den Buben an die Dame und darunter wieder die beiden anderen.)
Beim Aufbau der Familien haben die Karten der senkrechten Reihen Vorrang vor denen der Hilfsreihe. Das erschwert die Patience sehr.
Der Talon wird einzeln abgehoben. Nicht verwendbare Karten kommen auf einen Ablagestapel. Nur ein Durchgang ist erlaubt.

Komtesse

Die beiden ersten Karten der 2., auf 9 Karten ergänzten Reihe standen mit der Karo-Sieben für die Wahl der Grundkarte zur Verfügung. Wir entschieden uns für die Karo-Sieben, weil in der Hilfsreihe eine schwarze Anschlußkarte ganz rechts liegt.

Der Rangierbahnhof

(1 Spiel = 52 Karten)

A

Das gesamte Spiel wird offen in 4 Reihen zu je 13 Karten ausgelegt.

Z

In den 4 Reihen sollen zum Schluß je eine Farbe vom As bis zum König nebeneinander liegen.

V

Für die Asse ist jeweils der Platz links vor einer Reihe vorgesehen. Legt man ein As heraus auf den ihm zukommenden ersten Platz, so muß auf den entstehenden Freiplatz stets die Karte gelegt werden, die – in der gleichen Farbe wie die links vom Freiplatz liegende Karte – diese um einen Punkt übertrifft. Läge z. B. ein Freiplatz zwischen der Kreuz-Neun (links) und der Karo-Sechs (rechts), so gehörte dorthin die Kreuz-Zehn. Liegt links von der Freistelle ein König, muß der Platz frei bleiben.
Die Patience erfordert sehr viel Planen, Überlegen und Hin- und Herrangieren. Man sollte nicht einfach auf einen Freiplatz die passende Karte legen, denn so kommt man sehr rasch zu einem Punkt, an dem nur noch Plätze hinter Königen frei sind. Die Vorsicht muß schon beim Herausnehmen der Asse beginnen. Welches As in welche Reihe? Und alle 4 auf einmal oder nicht? Von Anfang an müssen viele Züge vorausgeplant werden. Man sollte auf einen Freiplatz nicht legen, was gerade paßt, sondern überlegen, welche Karten man wo loswerden muß und wie das gelingen kann. Das bedeutet eine Menge Umlegen.
Dabei gibt es auch die Möglichkeit des senkrechten Rangierens. Hat man beispielsweise hinter einer der begonnenen Familien einen Freiplatz, hinter einer gleich langen aber keinen, so kann man die beiden Familien austauschen, wenn man die Möglichkeit hat, auf diese Weise weiterzukommen.
Bei allem Rangieren muß stets der Aufbau der Familien bedacht werden, der ja das Ziel ist. Die farbechten Folgen, die mitten in einer Reihe entstehen können, müssen allmählich nach links gerückt werden.
Ist nichts mehr umzulegen, werden alle Karten außer den begonnenen Familien zusammengenommen, gemischt und neu ausgelegt, wobei hinter der letzten Karte jeder begonnenen Familie ein Platz freigelassen wird, um das Weiterspielen zu ermöglichen.
Schließlich darf ein 3. Mal eingesammelt und neu ausgelegt werden. Dann sollte die Patience aufgehen.

Der Rangierbahnhof

Es sieht so aus, als ob hier (bei der 2. Auslage) außer dem Anlegen der Pik-Fünf nichts mehr ginge. Danach sind nur noch Plätze hinter Königen frei, und da ist nichts mehr zu machen. Aber man darf ja auch senkrecht rangieren. Wir tauschen die angefangenen Kreuz- und Pik-Familien aus und legen die Kreuz-Fünf an. Das führt dazu, daß wenigstens eine Karte mehr untergebracht werden kann: die Kreuz-Sechs. (Für die, die es nachspielen möchten: Kreuz-Sieben hinter Kreuz-Sechs, Kreuz-Neun hinter Kreuz-Acht, Kreuz-Dame hinter Kreuz-Buben, Herz-Neun hinter Herz-Acht, Pik-Acht hinter Pik-Sieben.)

Acht Asse

(2 Spiele = 104 Karten)

A

Die 8 Asse werden in 2 senkrechten Reihen ausgelegt. Links und rechts daneben kommen je 4 Karten, über und unter die Asse je 2 Karten. Dabei braucht man die Karten nicht der Reihe nach zu legen, sondern legt möglichst höhere Werte links und rechts aus, niedrigere oben und unten, denn an die seitlich liegenden kann absteigend rot an schwarz und umgekehrt angelegt werden. Die je 2 Karten oben und unten dagegen sind Hilfskarten, an die nicht angelegt wird (s. Foto).

Z

Auf den Assen sollen reine Familien bis zum König aufgebaut werden.

V

Man prüft zunächst, was von den 12 um die Asse liegenden Karten schon aufgelegt oder an die 8 seitlichen Karten angelegt werden kann. Durch Auf- oder Umlegen entstehende Lücken werden vom Talon wieder gefüllt.

Erst wenn gar nichts mehr geht, wird mit dem Abspielen des Talons begonnen. Man dreht 3 Karten zugleich um. Was davon nicht verwendet werden kann, beginnt man einen Ablagestapel. Mit dem Rest der nächsten 3 Karten vom Talon beginnt man einen 2. Ablagestapel. Danach werden nicht brauchbare Karten immer abwechselnd auf den einen und den anderen Ablagestapel gelegt.

Zwischen den an die seitlichen Karten angelegten Reihen darf umgelegt werden (aber nur einzelne Karten), auch von den oberen und unteren Hilfskarten an die seitlichen, aber nicht umgekehrt. Der Talon darf nur einmal durchgespielt werden.

Die vier Familien I

(1 Spiel = 52 Karten)

A

Diese Patience ist dem »Rangierbahnhof« (s. S. 156) sehr ähnlich. Die Auslage entspricht diesem.

Z

Auch die Aufgabe entspricht der des »Rangierbahnhofs«.

V

Der Spielverlauf unterscheidet sich von dem des »Rangierbahnhofs« jedoch in 2 Punkten:

– Auf einen freien Platz kann auch eine Karte gelegt werden, deren Wert einen Punkt unter dem der rechts liegenden Karte liegt. Gibt es zum Beispiel einen freien Platz zwischen einer Herz-Zehn (links) und einer Karo-Sechs (rechts), so kann man dorthin entweder einen Herz-Buben oder eine Karo-Fünf legen.
– Das senkrechte Rangieren entfällt.

Die vier Familien II

(1 Spiel = 52 Karten)

A/Z

Auslage und Ziel sind die gleichen wie beim vorigen Spiel.

V

Die Patience ist den ersten »Vier Familien« sehr ähnlich, aber schwieriger; denn hier gibt es kein Einsammeln und Neuauslegen. Dafür ist es aber möglich, einen König ganz nach rechts zu legen, wenn es gelingt, den letzten Platz der Reihe rechts freizubekommen (wohlgemerkt: der Reihe, in der die Familien der Farbe dieses Königs mit dem As begonnen wurde). An ihn kann dann fallend nach links weitergebaut werden, so daß die Familie von 2 Seiten her aufeinander zuwächst. An der Stelle, an der beide Teile zusammentreffen, liegt dann ein Freiplatz.

Jägerspiel

(2 Spiele = 104 Karten)

A

Die 8 Asse werden in 2 waagerechten Reihen offen ausgelegt. Links, rechts und unterhalb der beiden As-Reihen legt man die ersten 60 Karten vom Talon: in jeder der 3 Gruppen 4 Reihen zu je 5 Karten, schuppenförmig und offen. Aber Achtung: Bei der Auslage darf von jeder Farbe nur ein König vorhanden sein. Erscheint beim Auslegen der 2. König, wird er unter den Talon zurückgesteckt.

Z

Auf den Assen werden die reinen Familien bis zum König aufgebaut.

V

Zunächst wird die Auslage daraufhin überprüft, was an passenden Karten freiliegt. Von einer Reihe an die andere darf umgelegt werden. Angelegt wird farbecht und fallend, aber nur in Einzelkarten, nicht in Serien.
Wenn nichts mehr geht, wird vom Talon einzeln abgehoben. Entsteht durch das Auflösen einer senkrechten Reihe eine Freistelle, wird sie mit der obersten Karte des Ablagestapels neu belegt. Der Talon darf dreimal durchgespielt werden.

Jägerspiel

Der Teppich

(2 Spiele = 104 Karten)

A

Die 4 Könige und 4 Asse eines Spiels werden herausgenommen und oben in einer Reihe ausgelegt. Darunter kommt der »Teppich«: 8 Reihen zu je 8 Karten, abwechselnd eine Karte hochstehend, eine quer (s. Foto).

Z

Auf den Königen und den Assen werden die reinen Familien aufgebaut, auf den Königen fallend bis zum As, auf den Assen steigend bis zum König.

V

Zum Auflegen auf die Grundkarten können alle Karten benutzt werden, deren Schmalseite freiliegt, zunächst also die an den 4 Seiten ganz außen liegenden.
Der Talon wird einzeln abgehoben, nicht brauchbare Karten kommen auf einen Ablagestapel. Auf diesen können auch mit der Schmalseite freiliegenden Karten des Teppichs abgelegt werden, wenn sie den Zugang zu anderen, gerade benötigten Karten versperren, und zwar farbecht zur oberen Karte des Stapels, steigend oder fallend nach Bedarf.
Der Talon darf dreimal durchgespielt werden.

Der Teppich

Die Kalkulation

(2 Spiele = 104 Karten)

A

Alle Karten der beiden Spiele werden in 8 Päckchen zu je 13 Karten in einer Reihe offen ausgelegt. Liegt ein König oben, so steckt man ihn unter sein Päckchen. Nun werden die obersten Karten der Päckchen weggenommen und mit dem Abstand einer Kartenhöhe über die Päckchenreihe gelegt.

Z

Die Päckchen sollen so aufgelöst werden, daß zum Schluß 13 neue Päckchen in der zunächst freigelassenen Reihe entstehen, die alle mit einem König abschließen.

V

Die ersten Karten, die in die freie Reihe gelegt werden, müssen jeweils den doppelten Wert wie die darüber liegende Karte haben. Auf unserem Foto liegt beispielsweise eine Pik-Vier. Darunter gehört also eine Acht (4 + 4).

Von der 2. aufgelegten Karte an zählt man jedesmal zum Wert der bereits in der Zwischenreihe liegenden Karte den Wert der darüber liegenden Karte hinzu. Auf die Karte ganz links in unserem Foto paßt also als 2. eine Dame (8 + 4).

Erhält man beim Addieren einen Wert über 13, so zieht man 13 ab, also z. B. Dame (= 12) + 10 = 22 − 13 = 9.

Erscheint beim Abbau eines Päckchens ein König, so wird er jedesmal wieder unter das Päckchen geschoben.

Eine Hilfe: Karten der mittleren Reihe können innerhalb der Reihe umgelegt werden, wenn man damit an anderer Stelle weiterkommt.

Kann man nichts mehr um- oder auflegen, so nimmt man den Rest des ersten unteren Päckchens von links, dreht ihn um und verteilt die Karten der Reihe nach auf die 13 Plätze (auch auf eventuelle leere). Nun legt man wieder auf und um, bis es nicht mehr weitergeht. Anschließend wird das 2. Päckchen verteilt.

Nach dem Verteilen des 8. Päckchens sollte die Patience aufgehen. Sie ist allerdings sehr schwierig und verlangt viel Hin- und Herlegen.

Das Zöpfchen

(1 Spiel = 52 Karten)

A

13 Karten werden in Form eines Zopfes ausgelegt, wie es das Foto zeigt. Daneben kommt eine Hilfsreihe von 4 Karten. Die nächste Karte bestimmt die Grundkarten.

Z

Auf den im Laufe des Spiels erscheinenden Grundkarten werden steigend und farbecht Familien aufgebaut. Sind die Grundkarten also z. B. wie auf unserem Bild Achten, so reichen die Familien bis zur Sieben.

V

An die Hilfskarten darf fallend und im Rot-Schwarz-Wechsel angelegt werden. Umlegen von einer der entstehenden senkrechten Reihen an die andere ist einzeln und in ganzen Serien erlaubt. Geht nichts mehr, werden vom Talon jeweils 3 Karten zusammen abgehoben. Was nicht verwendbar ist, kommt auf einen Ablagestapel.

Der Talon darf so oft durchgespielt werden, wie es nötig oder möglich ist, d. h. bis die Patience aufgeht oder so festgefahren ist, daß stets die gleichen, nicht zu verwendenden Karten erscheinen.

Man sollte versuchen, den Zopf möglichst bald aufzulösen. (Frei ist stets die unterste Karte.) Eine Hilfe dabei ist es, daß man auf Freistellen, die durch das Auflösen einer Hilfsreihe entstehen, jeweils eine Karte vom Zopf legen darf, aber nicht muß. Auch Karten vom Ablagestapel oder von anderen senkrechten Reihen, von hier auch ganze Serien, können dorthin gelegt werden. Man kann einen Freiplatz aber auch zunächst frei lassen und ihn für Notfälle aufheben.

Der Flickenteppich

(2 Spiele = 104 Karten)

A

100 Karten werden in 10 Zehner-Reihen offen und schuppenförmig (des Platzverbrauchs wegen) ausgelegt. Die restlichen 4 Karten kommen in den »Keller« unter die Auslage.

Z

Auf den Assen sollen die reinen Familien aufgebaut werden.

V

Liegt ein As frei oder ist eines bei den Karten im Keller, kann es gleich nach oben gelegt werden. Der Weg zu den übrigen Assen muß durch Umlegen (oder Wegnehmen von Karten, wenn sie auf begonnene Familien passen) freigemacht werden. Dabei darf an die senkrechten Reihen fallend im Rot-Schwarz-Wechsel angelegt werden. Auch Serien können umgelegt werden. Die Karten im Keller können sowohl für das Auflegen auf die Familien verwendet als auch an die senkrechten Reihen angelegt werden. Frei werdende Plätze im »Keller« können neu belegt werden.
Wird eine senkrechte Reihe frei, legt man auf den Freiplatz eine störende Karte, auch mit eventuell vorhandener Folge. Liegt zweimal der gleiche Wert einer Farbe frei, so gilt es, gut zu überlegen, welche Karte man wegnimmt, d. h. auf welchem Weg man sich weitere Möglichkeiten eröffnet. Auch das Belegen der Kellerplätze mit Störkarten muß gut bedacht werden. Am besten hält man sich immer einen Platz für dringende Fälle frei.

Der Teufel

(1 Spiel = 52 Karten)

A

Die erste vom Talon abgehobene Karte bestimmt die Grundkarten. Sie wird in die Mitte gelegt, darunter eine offene Hilfsreihe von 4 Karten und neben das Bild, ebenfalls offen, ein Päckchen von 13 Karten.

Z

Auf den im Spielverlauf erscheinenden Grundkarten wird steigend und farbecht aufgebaut.

V

Vom Talon werden immer 3 Karten zusammen abgehoben. Was nicht verwendbar ist, kommt auf einen Ablagestapel.

An die Karten der Hilfsreihen darf fallend rot an schwarz und umgekehrt angelegt werden. Von einer senkrechten Reihe an die andere kann – einzeln und in Serien – umgelegt werden.

Entstehen durch Auflösen einer senkrechten Reihe Freiplätze, wird darauf jeweils eine Karte von dem Päckchen der 13 Karten gelegt. Auch wenn man zum Auflegen auf die Grundkartenfolgen oder zum Anlegen an eine senkrechte Reihe die Wahl zwischen einer Karte von einer anderen Reihe oder vom Päckchen hat, wird die Karte des Päckchens vorgezogen.

Der Talon darf so oft durchgespielt werden, wie es nötig oder möglich ist.

Die Patience hat Ähnlichkeit mit dem »Zöpfchen«. Wie dort die Auslage in Form eines Zopfes muß hier das Päckchen abgebaut werden. Doch hier ist die Aufgabe schwieriger, denn man kann nie wissen, welche Karten sich in dem Päckchen noch verbergen. Man muß daher versuchen, es möglichst rasch aufzulösen.

Hilfspäckchen

Unser Foto zeigt ein Spiel, das sich schon nach zweimaligem Durchspielen des Talons festgefahren hat. Grundkarten sind die Könige. Der Kreuz-König war die oberste Karte des Hilfspäckchens. Beim ersten Durchgang wurde nur das Pik-As frei und kam auf den ausgelegten König. Da der Talon 34 Karten umfaßt, bleibt beim ersten Durchspielen eine Karte übrig. Man dreht den Ablagestapel um und zählt weiter. Es sind nun 33 Karten und nicht eine einzige brauchbare wurde frei. Das bedeutet, daß man nun bei jedem neuen Durchgang durch den Talon stets die gleichen, unbrauchbaren Karten aufdecken würde.

Die kleine Napoleonpatience

(1 Spiel = 52 Karten)

A

Die erste Karte, die vom Talon abgehoben wird, gibt den Wert der Grundkarten an. Sie wird in die Mitte gelegt, in einer senkrechten Reihe darunter die Karten gleichen Wertes der 3 anderen Farben.

Die restlichen (48) Karten legt man rechts und links von dieser senkrechten Reihe offen aus: auf jeder Seite 4 Reihen zu je 5 Karten und eine Reihe mit 4 Karten. Der Platz unter den Grundkarten bleibt frei (s. Foto).

Z

Auf den Grundkarten werden farbechte Familien aufgebaut, nach Wahl steigend oder fallend.

V

Zunächst muß man sich entscheiden, ob man steigend oder fallend aufbauen will. Das wird vor allem von der Lage der Folgekarten abhängen. Zum Aufbau der Familien dürfen jeweils nur die ganz außen liegenden Karten verwendet werden. An sie darf auch angelegt werden, und zwar in der gleichen Farbe und ebenfalls steigend oder fallend. Aber hier braucht man sich nicht wie beim Aufbau auf den Grundkarten ein für allemal zu entscheiden. Man kann jederzeit zwischen steigend und fallend wechseln. Die beiden 5. Reihen unten sind Hilfsreihen. Die in ihnen freiliegenden Karten dürfen wie die der oberen Reihen benutzt werden, aber anlegen darf man an diese beiden Reihen nicht. Sie können also stets nur kürzer, nie länger werden.

Der freie Platz unter den Grundkarten ist der »Keller«, in den jeweils eine Störkarte abgelegt werden kann. Eine Karte, die dorthin gelegt wurde, darf jedoch erst dann wieder herausgenommen werden, wenn mindestens eine der beiden Vierer-Reihen abgebaut, der Weg in den »Keller« also frei ist.

Gelingt es, eine der oberen (Fünfer-) Reihen ganz aufzulösen, so kann jede freie Karte auf die Freistelle gelegt und an sie wieder angelegt werden. Freistellen in den beiden unteren (Hilfs-)Reihen dagegen werden nicht wieder belegt.

Die kleine Napoleonpatience ist eine der schwierigsten und reizvollsten überhaupt.

Die große Napoleonpatience

(2 Spiele = 104 Karten)

Diese Patience hat trotz der Namensgleichheit keine Ähnlichkeit mit der kleinen Napoleonpatience (s. S. 170). Sie ist bei einigermaßen guter Lage der Karten nicht allzu schwierig.

Z

Auf je einem As und je einem König jeder Farbe sollen die reinen Familien aufgebaut werden.

V

Man legt zunächst 11 Karten in einer Reihe offen aus, schaut nach, ob schon Grundkarten – eventuell auch schon Folgekarten – dabei sind, und legt sie über die Reihe. Entstehende Lücken werden vom Talon gefüllt.

Nun kommt sogleich eine 2. Reihe unter die erste, und zwar legt man schuppenförmig aus, da ziemlich viel Platz benötigt wird. Von dieser 2. Reihe ab dürfen nur noch die äußeren Karten, also die erste und die 11., benutzt werden, wenn sie auf die Grundkarten und ihre Folgekarten passen. Ersatz für Karten, die man hier wegnimmt, kommt wieder vom Talon. So geht es Reihe für Reihe weiter, bis alle Karten ausgelegt sind. Von nun an dürfen die freiliegenden Karten, also stets die unterste jeder senkrechten Reihe, verwendet werden, entweder zum Aufbau der Familien oder zum Umlegen, denn an die senkrechten Reihen darf farbecht, nach Bedarf steigend oder fallend angelegt werden.

Ergibt es sich, daß eine freiliegende Karte sowohl auf die farbgleiche As- als auch auf die Königsfamilien paßt, kann man sie über die Auslage legen und abwarten, bis es sich zeigt, wo sie zuerst zum Weiterbauen gebraucht wird.

Entstehen durch das Auflösen senkrechter Reihen Freistellen, kann man jede beliebige Karte dorthin legen. Will man eine ganze Folge in eine freigewordene Reihe legen, muß man die Karten einzeln umlegen; ihre Reihenfolge wird also umgekehrt. Wenn nichts mehr auf- oder umzulegen ist, werden alle Karten außer den begonnenen Familien zusammengenommen und neu ausgelegt. Dazu schiebt man die senkrechten Reihen – beginnend mit der 11., also der rechts außen liegenden – nacheinander zusammen, nimmt jede zusammengeschobene Reihe unter das schon vorhandene Päckchen, dreht dann den ganzen Stoß um und beginnt mit diesem neuen Talon wieder mit dem Auslegen wie vorher. Die erste Karte der ersten Auslage beginnt auch jetzt wieder die erste Reihe. Wieder dürfen aus der ersten Reihe alle passenden Karten weggenommen werden, danach nur die äußeren.

Tip: Bei der 2. Auslage liegen alle Karten nebeneinander, die vorher untereinander lagen. Die Karten der äußersten rechten Senkrechten sind jetzt die unten freiliegenden. Es empfiehlt sich also zu versuchen, aus Karten, die man früh braucht, möglichst weit rechts eine Folge zu bauen, damit sie bei der nächsten Auslage möglichst weit nach unten kommen. Die Karten dürfen noch ein weiteres Mal zusammengeschoben und neu ausgelegt werden. Bei der 3. Auslage muß es gelingen, die Familien fertig aufzubauen.

Die Patience ist auch in einer kleinen Variante bekannt: Die 4 Könige und 4 Asse werden vor Spielbeginn herausgesucht und ausgelegt. Dafür dürfen auch in der ersten Reihe nur die erste und die 11. Karte benutzt werden.

Dies ist die 3. Auslage. Bisher war die Ausbeute für den Aufbau der Familien schon recht groß. Aber jetzt sieht es nicht mehr sehr gut aus.

Acht Könige

(2 Spiele = 104 Karten)

A

Ein beliebiger König wird aus dem Spiel genommen und ausgelegt. Nun hebt man die Karten vom Talon einzeln ab und legt sie offen und schuppenförmig senkrecht an den König an, solange, bis ein weiterer König erscheint. Er kommt neben den ersten König und beginnt eine neue senkrechte Reihe bis zum 3. König usw., bis alle Karten in 8 senkrechten Reihen unter den 8 Königen untergebracht sind (s. Foto).

Beim Auslegen erscheinende Asse werden sofort in eine waagerechte Reihe über das Bild gelegt.

Z

Auf den 8 Assen werden die reinen Familien bis zum König aufgebaut.

V

Die Reihen unter den Königen werden ganz verschieden lang sein. Um sie zu entwirren, kann man umlegen: An die unterste Karte jeder Reihe kann abfallend rot an schwarz und umgekehrt angelegt werden. Aber da es schon schwierig genug ist, die Reihen aufzulösen, sollte man möglichst an lange Reihen nicht noch weitere Karten anlegen.

Werden passende Karten frei, kommen sie nach oben auf die Asse. Gibt es durch den Abbau einer ganzen Reihe eine Freistelle, kann jede Karte dort abgelegt werden. Es empfiehlt sich jedoch, einen König als oberste Karte auf die Freistelle zu legen, weil man ihn ja zuletzt braucht.

Umgelegt dürfen nur einzelne Karten werden, keine Serie als Ganzes.

Eine Hilfe, ohne die es wohl kaum möglich wäre, die zum Teil sehr langen Reihen aufzulösen: Man darf 8 Karten in den »Keller« legen und sie nach Bedarf sowohl zum Aufbau der Familien benutzen als auch wieder an eine senkrechte Reihe anlegen. Frei werdende Plätze bei diesen Störkarten können stets wieder neu belegt werden.

Trotz dieser Hilfe ist es nicht einfach, diese Patience zum Aufgehen zu bringen.

Acht Könige

Der Zar

(2 Spiele ohne
Bildkarten = 2 × 40 Karten)

Bei dieser Patience gibt es keine Auslage vor Spielbeginn. Sie wird außerdem nicht mit allen Karten gespielt: Alle Bilder beider Spiele werden herausgenommen, gespielt wird mit den Werten As bis Zehn.

Z

Die Asse liegen zum Schluß in einer waagerechten Reihe und jeweils daran angelegt die Werte Zwei bis Zehn der gleichen Farbe.

V

Die Karten des Talons werden einzeln abgehoben. Es gibt keinen Ablagestapel, d. h. jede Karte muß in einer von 10 entstehenden senkrechten Reihen untergebracht werden, entweder passend an ein As oder eine seiner Folgekarten angelegt oder in irgendeiner anderen Reihe in beliebiger Reihenfolge und ohne Rücksicht auf die Farben.

Es können 10 senkrechte Reihen gebildet werden. Da nur 8 Asse vorhanden sind, bleiben 2 Reihen als Ausweichplätze übrig. Diese Patience geht nicht oft auf, denn es ist nicht einfach, Plätze für die im Spielverlauf auftauchenden Asse zu schaffen oder die im Augenblick nicht brauchbaren Karten so unterzubringen, daß man sie wieder erreicht, wenn man sie braucht. Legt man zu Beginn zu viele Asse sofort an ihren Platz in der obersten Reihe und versucht, hier schon in der richtigen Reihenfolge die passenden Karten anzulegen, so werden die restlichen Reihen sehr lang und sind schwer abzubauen. Umgekehrt kann es hemmend sein, Asse in die Ausweichreihen zu legen, denn dann werden sie von Karten höherer Werte blockiert.

Man sollte es soweit wie möglich vermeiden, höhere Werte unter niedrigere der gleichen Farbe zu legen, wenn der niedrigere Wert schon einmal unter einem As abgelegt wurde! Am besten versucht man, in einer Reihe jeweils nur Karten eines Wertes unterzubringen.

Eine kleine Hilfe sind 2 »Kellerplätze«, auf denen man ein As oder eine andere störende Karte zeitweise ablegen kann. Benutzt man aber diese beiden Plätze zu früh oder zu sorglos, so kann dies ungünstig sein, denn die Karten im »Keller« dürfen nur zum Anlegen an die As-Folgen benutzt werden.

Auch die Karten der Ausweichreihen dürfen übrigens nur an die As-Folgen angelegt werden! Hier gibt es kein Umlegen. Was einmal in den Ausweichreihen oder im »Keller« liegt, darf erst wieder entfernt werden, wenn in den As-Folgen ein passender Platz erreicht ist.

Der Talon ist noch nicht aufgebraucht, dies ist also eine »Zwischenbilanz«. Wie sieht sie aus? 4 angefangene As-Folgen und nur eine stark angewachsene gemischte Reihe. In eine Reihe nur Karten eines Wertes zu legen ist nicht gelungen, aber hohe und niedrige Werte sind einigermaßen getrennt.

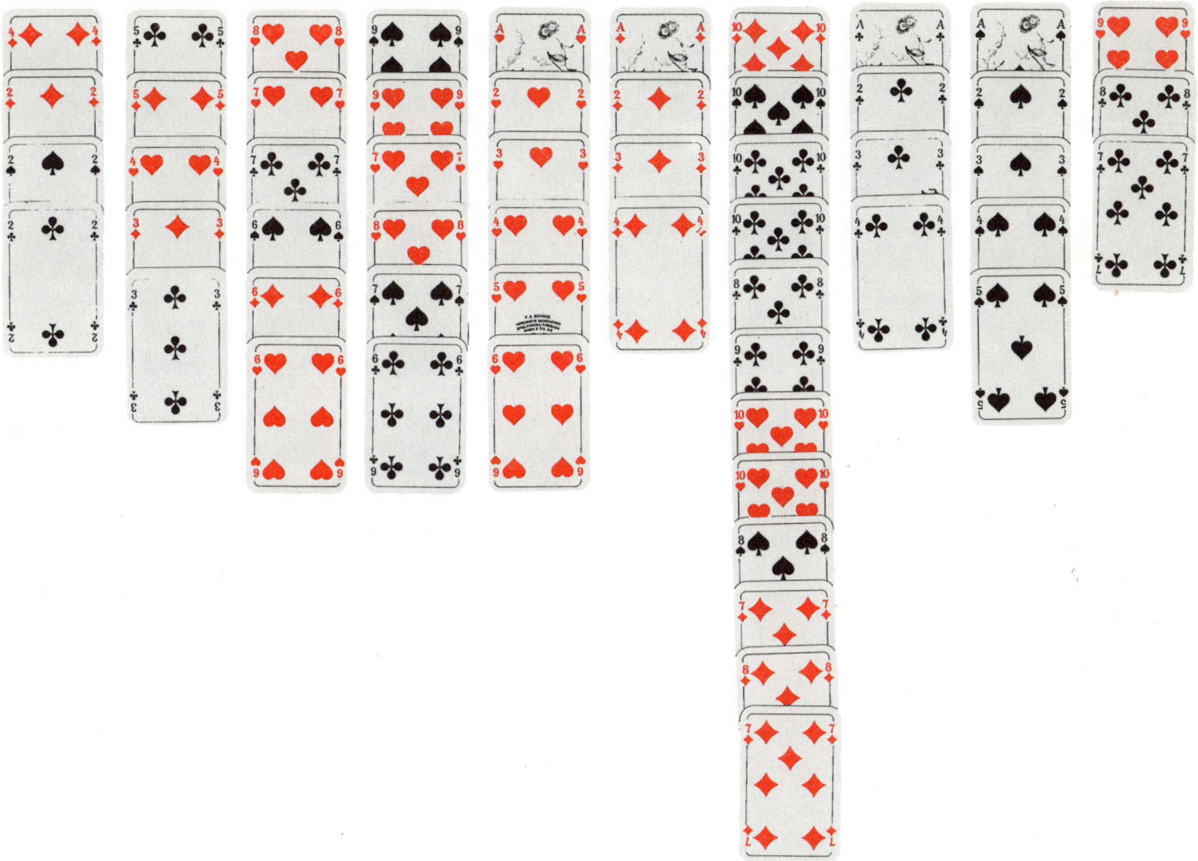

Die Bildergalerie

(2 Spiele = 104 Karten)

A

Die 8 Asse werden entweder sofort aus dem Spiel genommen oder erst bei ihrem Erscheinen. Außerdem legt man 4 Reihen zu je 8 Karten offen aus, die 4. mit etwas Abstand zur 3. Sie ist eine Hilfsreihe.

Z

In die 3 obersten Reihen müssen die Zweien, Dreien und Vieren als Grundkarten gebracht werden, und darauf wird so aufgebaut, daß zum Schluß je eine Reihe Buben, Damen und Könige untereinander liegen.

V

Zunächst sieht man nach, ob schon Grundkarten in den für sie bestimmten Reihen liegen, also Zweien in der 1. Reihe, Dreien in der 2., Vieren in der 3. Liegen sie in einer falschen Reihe, kann man jeweils 2 gegeneinander austauschen. Anschlußkarten, die in der Hilfsreihe liegen, können auf die Grundkarten aufgelegt werden, sobald diese in ihrer richtigen Reihe liegen.

Aufgelegt wird jeweils eine Karte mit einem um 3 Punkte höheren Wert, also

- auf die Zweien: Fünf – Acht – Bube,
- auf die Dreien: Sechs – Neun – Dame,
- auf die Vieren: Sieben – Zehn – König.

Beim Auflegen dürfen in den 3 Reihen keine Lücken entstehen. Passende Anschlußkarten aus diesen 3 Reihen können daher nur dann herausgenommen und auf die Grundkarten(folgen) gelegt werden, wenn in der Hilfsreihe noch eine Grundkarte des richtigen Wertes vorhanden ist, die die Lücke wieder schließen kann. Ist nichts mehr um- oder aufzulegen, werden an die Hilfsreihe weitere 8 Karten angelegt bzw. auf die dort entstandenen Freiplätze aufgelegt. Dies geschieht jedesmal wieder, wenn es keine Möglichkeit mehr zum Um- oder Auflegen gibt. Jeweils die untersten Karten der entstehenden senkrechten Reihen sind frei.

Wenn der Talon aufgebraucht ist, sollte die Patience aufgehen.

Das Foto zeigt die Auslage. Man kann Pik-Zwei und Kreuz-Vier austauschen, ebenso Pik-Drei und Karo-Vier. Auch Auflegen läßt sich schon, denn in der Hilfsreihe liegen 3 Grundkarten, mit denen man die Lücken wieder schließen kann.

Die schwierige Acht

(2 Spiele = 104 Karten)

A

8 Karten werden in einer waagerechten Reihe offen ausgelegt.

Z

Auf den im Spielverlauf erscheinenden Assen sollen die reinen Familien bis zum König aufgebaut werden.

V

Liegen in der ersten Reihe bereits Asse aus, werden sie sofort über die Auslage gelegt, darauf eventuell bereits vorhandene Folgekarten. Den Rest der Reihe überprüft man daraufhin, ob sich Karten umlegen lassen, denn man darf fallend und im Rot-Schwarz-Wechsel anlegen.
Wenn nichts mehr geht, wird eine weitere Reihe von 8 Karten schuppenförmig unter die erste gelegt (auch auf eventuell durch das Hochlegen der Grundkarten oder durch Umlegen entstandene Freistellen). Wieder wird geprüft, was auf- oder umgelegt werden kann. So geht es weiter, bis der Talon aufgebraucht ist. Werden im Laufe des Spiels senkrechte Reihen ganz aufgelöst, kann man auf die Freistelle einen König – mit oder ohne Folgekarten – legen. Hat man keinen zur Verfügung, wird der Freiplatz beim Auslegen der nächsten Reihe vom Talon besetzt. Umlegen ist auch sonst in ganzen Folgen möglich. Wenn der Talon aufgebraucht ist, muß es möglich sein, die Familien fertig aufzubauen.

Die schwierige Acht

Gerade wurde die 4. Reihe angelegt. Jetzt ist einiges zu machen: Zunächst kommen die Kreuz-Vier und die Kreuz-Fünf oben auf die Grundkarten-Folge, dann Karo-Sechs an Kreuz-Sieben, die Herz-Acht an die Kreuz-Neun, beide zurück an die Herz-Zehn; nun die Folge Kreuz-Sieben – Karo-Sechs – an Herz-Acht und die Pik-Zehn an den Herz-Buben. Auf die Freistelle legen wir den Herz-König oder den Kreuz-König. Und nun wird die nächste Reihe angelegt.

Drillinge

(1 Spiel = 52 Karten)

A

Alle Karten des Spiels werden offen ausgelegt: 2 waagerechte Reihen, jede aus achtmal 3 schuppenförmig untereinander gelegten Karten, darunter in einer 3. Reihe einmal 2 Karten untereinander und daneben zweimal je eine Karte (s. 1. Foto).

Z

Die Asse müssen herausgespielt und auf ihnen reine Familien bis zum König aufgebaut werden.

V

Die untersten (freiliegenden) Karten können verwendet werden. Wo eine Karte von einem Drilling weggenommen wurde, kann eine andere freiliegende angelegt werden, aber stets nur an eine Karte gleichen Wertes. Jeder Drilling kann so bis zu 3 Karten gleichen Wertes kommen, aber es dürfen nie mehr als 3 Karten sein. Auch aus den in der unteren Reihe liegenden Karten können so Drillinge gleichen Wertes gebildet werden.

Wenn nichts mehr geht, werden alle übrigen Karten außer den begonnenen Familien zusammengenommen, gemischt und neu ausgelegt, ebenfalls in Form von Drillingen. Bleiben dabei zum Schluß eine oder 2 Karten übrig, nimmt man den letzten Drilling dazu und legt (bei einem Rest von einer Karte) wie die unterste Reihe der ersten Auslage oder (bei einem Rest von 2 Karten) zweimal 2 und zweimal eine Karte.

Beim 2. Durchgang darf man einmal eine Karte irgendwo aus dem Bild nehmen, wenn sie beim Aufbau einer der Familien verwendet werden kann und das Spiel weiterbringt. Beim ersten Durchgang ist das nur dann erlaubt, wenn die Chance besteht, daß die Patience schon in diesem Durchgang aufgeht.

Drillinge

Erste Auslage

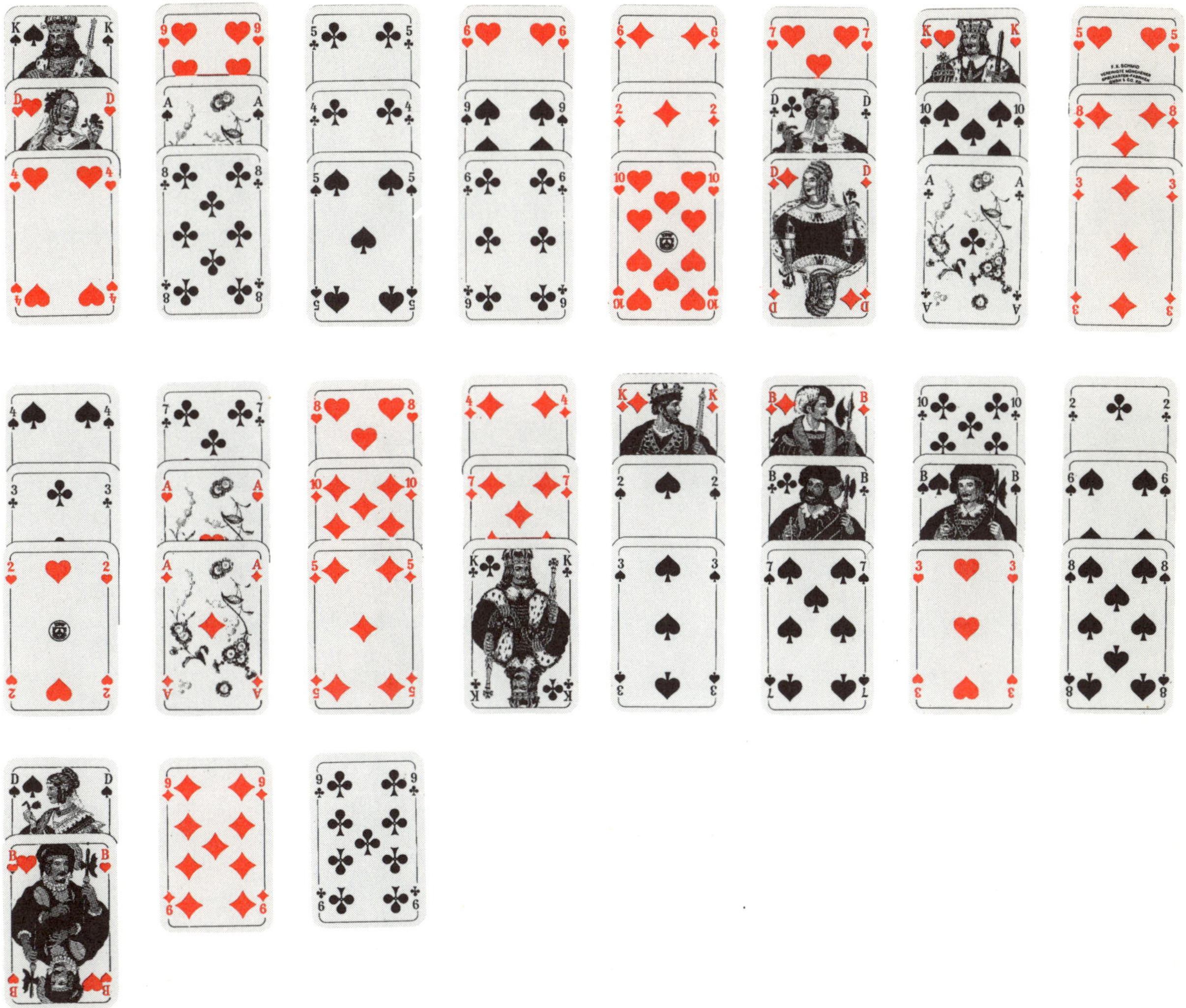

Drillinge

Die erste Auslage hat sich inzwischen so verändert. Es scheint nicht mehr weiterzugehen. Nimmt man jedoch jetzt die Pik-Acht als Störkarte aus dem Bild, löst sich auf einmal alles spielend auf.

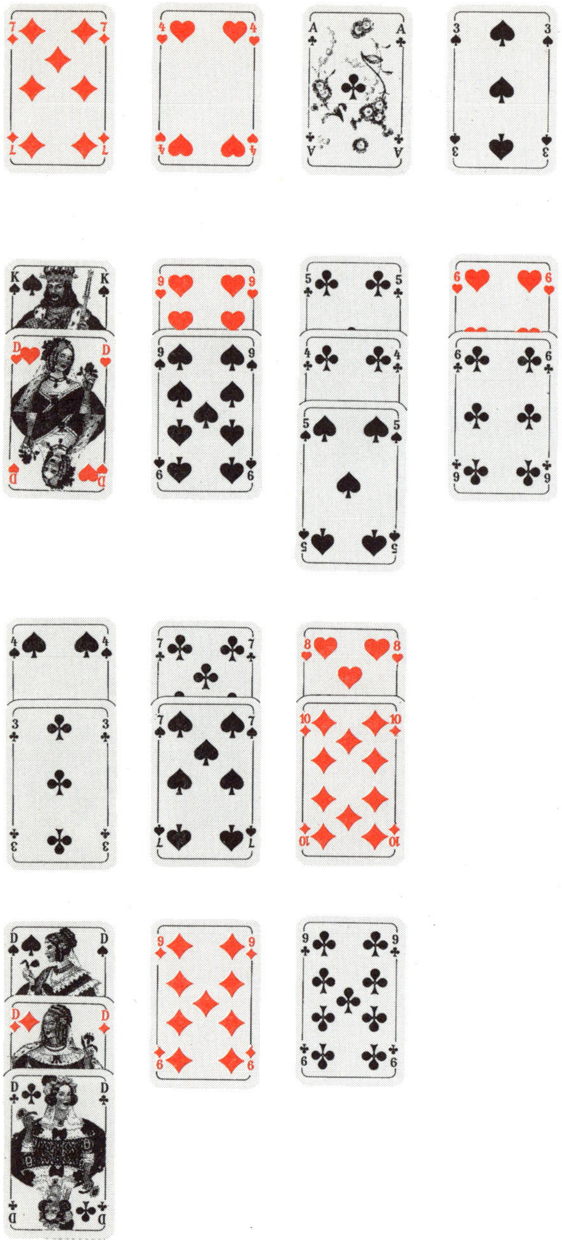

Die russische Patience

(2 Skatspiele = 64 Karten)

A

Alle 64 Karten werden offen in 7 Reihen zu je 9 Karten ausgelegt. Das erste As, das dabei erscheint, kommt über die Auslage.

Z

Auf den im Spielverlauf erscheinenden Assen sollen reine Familien (hier also von der Sieben bis zum König) aufgebaut werden.

V

Freie, also als unterste Karte der senkrechten Reihen liegende Asse werden zu dem ersten nach oben gelegt.

An die senkrechten Reihen kann fallend rot an schwarz und umgekehrt angelegt werden, aber stets nur einzelne Karten, keine Serien geschlossen.

Dies ist eine der schwierigsten Patiencen. Da es weder Ablagestapel noch »Keller« gibt, gilt es, genau zu überlegen und zu planen, um die Reihen auflösen zu können. Dennoch hängt auch vieles von der Lage der Karten ab. Wenn es von Beginn an keine Umlegemöglichkeiten gibt, weil keine der freien Karten an eine andere paßt und auch nichts nach oben gelegt werden kann (Asse oder Folgekarten), hilft nur Mischen der Karten und neues Auslegen.

Achtung: Es kann zu Beginn passieren, daß man glaubt, es gehe nichts, und man hat vergessen, daß hier auf die Asse bereits die Sieben gelegt wurde.

Zaritza

(2 Spiele = 104 Karten)

A

Man legt 4 Reihen zu je 11 Karten aus, und zwar so, daß sowohl waagerecht als auch senkrecht immer abwechselnd eine Karte offen und eine verdeckt liegt. Die erste Reihe beginnt mit einer offenen, die 2. mit einer verdeckten Karte. Schließlich legt man noch einmal je eine offene Karte auf die verdeckten der untersten Reihe (s. Foto).

Z

Auf den im Spielverlauf frei werdenden Assen werden die reinen Familien bis zum König aufgebaut.

V

Zunächst prüft man, was von der Auslage verwendbar ist. Freie, d. h. als unterste einer senkrechten Reihe offen liegende Asse und eventuell auch Folgekarten werden über die Auslage gelegt. Werden dadurch verdeckt liegende Karten frei, dreht man sie um.

An die senkrechten Reihen kann im Rot-Schwarz-Wechsel fallend angelegt werden. Auch Serien können umgelegt werden. Wenn Freistellen entstehen (beim Auflösen von senkrechten Reihen), wird dorthin ein König mit oder ohne Folgekarten gelegt. Ist nichts mehr zu machen, legt man weitere 11 Karten an, auch auf eventuell vorhandene Freistellen, für deren Neubelegung kein König vorhanden war. Wo allerdings ein König mit passender Folge die oberste Stelle einer Reihe einnimmt, wird keine Karte vom Talon mehr angelegt.
So geht es weiter, bis der Talon aufgebraucht ist. Dann sollte es möglich sein, die Familien fertig aufzubauen.

Die Sonne II

(2 Spiele = 104 Karten)

A

Ein Herz-König und ein Pik-König werden offen in die Mitte des späteren Kartenbildes gelegt. Etwas abseits kommt eine Reihe von 6 Hilfskarten.

Z

Alle Karten sollen am Ende in Form eines Strahlenkranzes um die Könige herum und auf den Königen liegen: die Könige in der Mitte, die Zweien und die Asse auf den »Strahlen«.

V

Der Talon wird einzeln abgehoben. Dabei erscheinende Könige werden auf die beiden ausliegenden Könige im Rot-Schwarz-Wechsel aufgelegt, möglichst so (aber ohne Zwang, nur des schöneren Bildes wegen), daß zum Schluß wieder ein roter und ein schwarzer König nebeneinander liegen. Damen werden rund um die Könige gelegt (auf die Plätze, auf denen zum Schluß die Zweien liegen), die Buben daran anschließend (schwarze Buben neben roten Damen und umgekehrt). Ein Bube kann allerdings immer erst auf seinen Platz gelegt werden, wenn schon eine Dame daneben liegt.
Auf die Damen wird farbecht fallend und springend aufgelegt (Dame – Zehn – Acht usw.), auf die Buben ebenso (Bube – Neun – Sieben usw.). Was nicht verwendet werden kann, kommt auf einen Ablagestapel.
Die Hilfskarten können nur zum Aufbau auf den Grundkarten verwendet werden. Lücken bei ihnen werden vom Ablagestapel gefüllt (bevor ein solcher vorhanden ist, vom Talon).
Der Talon darf zweimal durchgespielt werden.
Die Patience erfordert keine große Überlegung, wohl aber – durch die fallend springende Ablage auf den Damen und Buben, die steigende rot-schwarze auf den Königen und vor allem auf so vielen Stellen gleichzeitig – genaues Aufpassen, damit man alles im Auge behält und sich nicht vertut.

Die Sonne II

Unser Bild nach dem ersten Durchspielen des Talons. Die beiden Karo-Asse haben noch keinen Platz gefunden.

Die Edelfrau

(2 Spiele = 104 Karten)

A

Sämtliche Karten werden in einem viel Platz erfordernden Bild ausgelegt. Zunächst legt man 4 senkrechte Reihen zu je 12 Karten offen und schuppenförmig aus. Der Rest des Talons wird halbkreisförmig über die senkrechten Reihen gelegt; und zwar bildet von der Zwei ab jeder Wert für sich eine kleine Reihe. Asse, die beim Auslegen des Halbkreises erscheinen, werden unter das Bild gelegt (s. Foto).

Z

Auf den Assen werden gemischte Familien (d. h. abwechselnd rot und schwarz und umgekehrt) aufgebaut.

V

Es gibt kein Um- oder Anlegen. Freie Karten der senkrechten Reihen werden nur weggenommen, wenn sie zum Aufbau der Familien benutzt werden können. Freiliegende Asse werden als Grundkarten herausgelegt.

Man muß versuchen, möglichst bald die senkrechten Reihen abzubauen, d. h. wenn dort eine Karte zum Aufbau verwendet werden kann, muß sie den Karten aus dem Halbkreis vorgezogen werden. Im Halbkreis sollte auch kein Wert vollständig aufgebraucht werden, bevor das Spiel in einem Stadium ist, in dem sich übersehen läßt, daß sich nun alles spielend auflöst. Besonders die Könige des Halbkreises bleiben liegen bis zum Schluß.

Vieles wird davon abhängen, ob niedrige Werte hoch oben in den senkrechten Reihen stecken, an die man schlecht herankommt. Aber mit Überlegen und Planen wird sich auch diese Patience oft meistern lassen.

Die Edelfrau

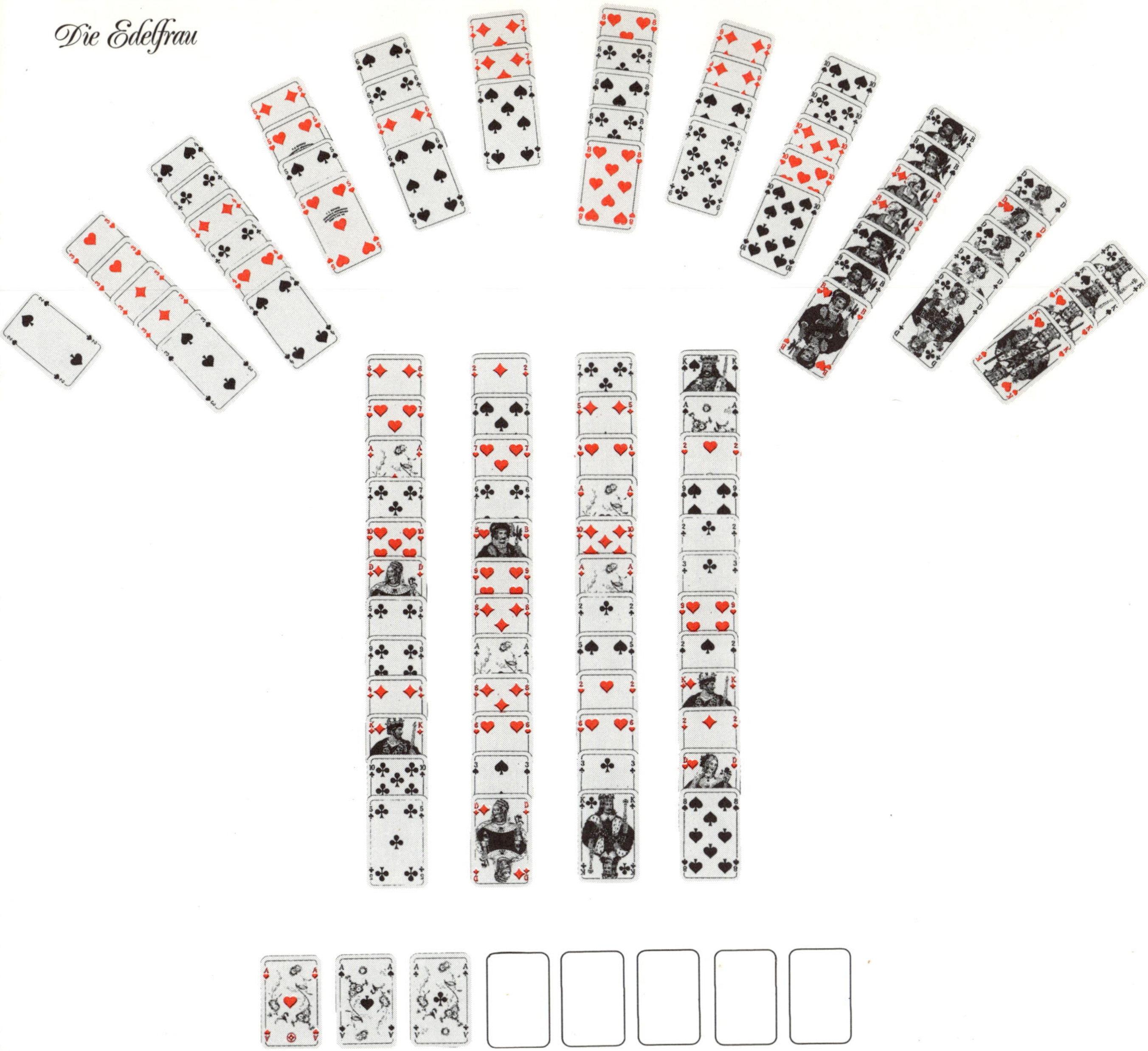

Der Scheidungsgrund

(2 Spiele = 104 Karten)

A

5 waagerechte Reihen zu je 10 Karten werden offen und geschuppt ausgelegt.

Z

Reine Familien vom König bis zum As sollen in den senkrechten Reihen zusammengefügt und aus dem Spiel genommen werden, sobald sie vollständig sind.

V

Durch Umlegen von einer senkrechten Reihe in die andere muß man versuchen, möglichst gleichfarbige Karten fallend aneinander zu reihen. Es ist allerdings auch erlaubt, fallend jeweils an eine beliebige andere Farbe anzulegen, wenn dies das Spiel weiterbringt und keine gleichfarbige Karte vorhanden ist, an die man anlegen könnte.
Auch ganze Serien können umgelegt werden, aber nur farbechte. Sie können auch geschlossen an eine im Wert passende Karte einer anderen Farbe angelegt werden.

Günstig ist es, wenn man es erreicht, eine Reihe frei zu bekommen. Auf die Freistelle kann jede beliebige Karte gelegt werden.
Läßt sich nichts mehr umlegen, wird vom Talon an jede senkrechte Reihe eine Karte angelegt. Freistellen bleiben unbelegt.
Wenn es gelingt, in einer der senkrechten Reihen eine Familie vom König bis zum As zusammenzubekommen, wird diese aus dem Spiel genommen, auch dann, wenn über ihr noch andere Karten liegen. Es ist also nicht nötig, daß der König als oberste Karte in einer Senkrechten liegt. Die Restkarten bleiben dann einfach in der Reihe liegen, und man kann an sie wieder anlegen.
Diese Patience ist sehr schwierig. Aber sie macht auch viel Spaß, und man kann sich sehr lange mit ihr beschäftigen. Es gibt unendlich viele Möglichkeiten des Umlegens, bis der Talon ganz aufgebraucht ist.

Der Scheidungsgrund

Eine Reihe ist an die Auslage vom Talon hinzugekommen. Viel ließ sich nicht umlegen.

Der Joker

(1 Spiel und 2 Joker = 54 Karten)

A

Die 4 Asse werden als Grundkarten in eine Reihe gelegt. Die restlichen Karten legt man unterhalb der As-Reihe in 5 Reihen zu je 10 Karten offen und schuppenförmig aus.

Z

Auf den Assen sollen die reinen Familien bis zum König aufgebaut werden.

V

Die unterste Karte jeder senkrechten Reihe ist zur Verwendung frei. Man darf von einer Reihe an die andere umlegen, aber nur in Einzelkarten, fallend und im Rot-Schwarz-Wechsel. Eine große Hilfe sind die Joker. Sie können für jede beliebige Karte eintreten, die man benötigt, aber gerade nicht zur Verfügung hat. Man sollte also – falls sie weiter oben in einer Reihe liegen – versuchen, die entsprechende senkrechte Reihe möglichst rasch aufzulösen, um den Joker freizubekommen. Hat man einen freien Joker, den man gerade nicht braucht, so kann man ihn in den »Keller« legen und warten, bis man Verwendung für ihn hat (aber nur einen). Wird eine senkrechte Reihe ganz abgebaut, kann auf die Freistelle eine beliebige Karte gelegt werden.
Wenn es gelingt, die Familien fertig aufzubauen, bleiben die beiden Joker übrig.

Der Joker

Wenn wir den Joker in den »Keller« legen, geht es weiter, und die 2. Reihe von links kann leergeräumt werden. Legen wir jetzt die Pik-Zehn auf den Freiplatz, wird rasch auch Reihe 3 leer.

Die Grazer Patience

(2 Spiele = 104 Karten)

A

4 Reihen zu je 8 Karten werden offen untereinander ausgelegt.

Z

In jeder dieser 4 Reihen sollen am Ende die Werte Sechs bis König einer Farbe liegen.

V

Zunächst legt man fest, welche Farbe man in welcher Reihe unterbringen will. Das wird natürlich davon abhängen, ob schon Karten auf Plätzen liegen, die ihnen ihrem Wert nach zukommen, so daß man sie – wenn man der entsprechenden Reihe ihre Farbe zuweist – gar nicht mehr bewegen muß.

Gibt es schon eine Karte, die auf ihrem richtigen Platz liegt, und die 2. Karte dieser Farbe mit dem gleichen Wert liegt irgendwo anders im Bild, nimmt man die 2. Karte heraus und legt sie quer neben die Reihe ihrer Farbe. Herausgenommen und quer neben die Reihe ihrer Farbe gelegt werden auch alle doppelt vorhandenen Karten der Werte 1 bis 5, gleichgültig, wo sie liegen. Frei werdende Plätze werden wieder belegt,

- entweder mit ihrem Wert nach passenden und vorher an anderer Stelle im Bild liegenden Karten
- oder mit einer Karte vom Talon.

Jedesmal, wenn eine Karte auf ihren endgültigen Platz gelegt wird und der gleiche Wert ebenfalls ausgelegt ist, wird der letztere herausgenommen; jedesmal, wenn eine Karte vom As bis zur Fünf vom Talon auf einen Freiplatz kommt und der gleiche Wert schon ausliegt, werden beide Karten herausgenommen. Sind alle Plätze besetzt, hebt man die Karten vom Talon einzeln ab. Erscheint ein Doppel zu einer bereits auf ihrem richtigen Platz liegenden Karte, wird es quergelegt. Ist es ein Doppel zu einer im Bild liegenden Karte von Eins bis Fünf, werden beide quergelegt, und der Freiplatz wird wie oben beschrieben belegt. Karten vom Talon, die nicht zu verwenden sind, kommen auf einen Ablagestapel.

Der Talon darf nur einmal durchgespielt werden. Danach dreht man den Ablagestapel um und deckt 3 Karten auf. Ist dabei eine Karte, deren Doppel bereits auf ihrem richtigen Platz liegt, kommt sie wieder auf das querliegende Päckchen ihrer Farbe. Ist eine Karte der Werte 1–5 dabei, deren Doppel bereits ausliegt, kommen beide auf das Querpäckchen. Wenn man so mindestens eine der 3 Karten verwenden kann (aber auch 2 oder gar 3 dürfen verwendet werden, wenn es möglich ist), dürfen sie wieder auf die Zahl 3 ergänzt werden, und das so lange, bis keine der 3 brauchbar ist. Als letzte Möglichkeit kann dann eine 4. Karte aufgedeckt werden. Ist auch sie nicht zu verwenden, ist die Patience nicht aufgegangen.

Während des ganzen Spieles darf man nicht vergessen, darauf zu achten, daß man Karten aus dem Bild auf ihre richtigen Plätze legt, sobald diese frei werden.

Die Grazer Patience

Diese Auslage sieht nicht schlecht aus. 2 Karten liegen schon richtig, die Kreuz-Acht und eine Pik-Dame. Wir werden also die 2. Reihe für Kreuz und die 4. für Pik reservieren. Die 2. Pik-Dame wird herausgenommen und quer neben die 4. Reihe gelegt. Auf ihren Platz kommt der Kreuz-König, auf dessen Platz der Pik-Bube. Der macht den Platz der Pik-Zehn frei, die nicht ausliegt. Wir legen eine Karte vom Talon auf den freien Platz, und nun kommt es darauf an, was das für eine Karte ist. Aber auch an der Auslage ist noch etwas zu erledigen: Die beiden Karo-Dreien werden herausgenommen und quer neben die 1. oder 3. Reihe gelegt. Auch sie werden vom Talon ersetzt, denn die benötigten Kreuz-Neun und Karo-Acht liegen noch nicht aus.

As plus zwölf gibt zwei

(2 Spiele = 104 Karten)

Das Spiel sieht auf den ersten Blick einfach aus. Aber nur mit viel Überlegung kann man zum Ziel kommen.

A

Auch die Auslage ist einfach: Man legt 4 waagerechte Reihen mit je 12 Karten schuppenförmig aus, die oberste und die 3. verdeckt, die 2. und die unterste offen.

Z

Diesmal geht es nicht um »reine« Familien, sondern an die im Spielverlauf erscheinenden Asse wird abwechselnd rot und schwarz angelegt, beginnend mit dem König und fallend bis zur Zwei. Am Ende hat man 8 Päckchen, deren unterste Karte jeweils ein As und deren oberste eine Zwei ist.

V

Es gibt keine Hilfskarten und keinen Ablagestapel. Man kann jedoch an die senkrechten Reihen anlegen und von einer an die andere Reihe umlegen, fallend und abwechselnd rot an schwarz und umgekehrt. Auch Serien können umgelegt werden. Wenn durch das Umlegen eine verdeckte Karte frei wird, dreht man sie um. Ergibt sich durch völligen Abbau einer senkrechten Reihe eine Freistelle, legt man dorthin ein As oder eine mit einem As beginnende Serie (As – König – Dame usw). Ist kein As mit oder ohne Folgekarten verfügbar, bleibt die Leerstelle zunächst frei.

Ist nichts mehr umzulegen, wird an jede senkrechte Reihe eine Karte vom Talon angelegt. Ausgenommen sind die Reihen, in denen ein As freiliegt oder die mit einem As beginnen, an das schon passende Folgekarten angelegt wurden. Leerstellen allerdings, für die kein As vorhanden war (s. o.), werden jetzt mit einer Karte vom Talon belegt.

Ist es gelungen, eine Familie fertig aufzubauen, reicht eine Folge also vom As bis zur Zwei, wird sie zusammengeschoben und beiseite gelegt.

Die Patience geht nicht sehr oft auf. Man muß sehr gut überlegen, welche Karten man bewegt. Dabei gibt es noch eine kleine Hilfe: Hat man die Wahl zwischen 2 gleichwertigen roten oder schwarzen Karten und beide liegen unterhalb einer noch verdeckten, so darf man nachschauen, um welche Karte es sich bei den verdeckten handelt, um zu sehen, mit der Wegnahme welcher Karte man sich eine bessere Chance erspielt.

As plus zwölf gibt zwei

Bevor die erste zusätzliche Reihe vom Talon angelegt wird, hat sich das Bild der Auslage schon stark verändert. Es gibt bereits eine längere As-Folge, an die nicht mehr vom Talon angelegt wird. Auch das As in der 3. Reihe von rechts bleibt von nicht passenden Karten frei.

4. Kapitel

Patiencen für 2 Spieler

Zehn oder zwanzig

(1 Spiel = 52 Karten)

A

Jeder Spieler erhält 26 Karten und legt 5 davon senkrecht aus.

V

Der erste Spieler nimmt eine Karte von seinem Talon und prüft nach, ob ihr Wert mit dem einer der ausgelegten Karten – gleichgültig, ob von ihm oder von seinem Partner – zusammen 10 oder 20 ergibt. Ist das der Fall, legt er seine Karte an die entsprechende Karte der Auslage an. Nun kommt der Spieler 2 an die Reihe und macht es genauso. So geht es abwechselnd weiter. Nicht brauchbare Karten kommen auf 2 getrennte Ablagestapel.
Die 20 kann dabei nicht nur durch Zusammenlegen von 10 und 10, 11 und 9 usw. erreicht werden, sondern auch durch Anlegen einer Zehn an 2 Karten, die schon zusammengelegt worden waren und zusammen 10 ergeben hatten.
Wenn die beiden Talons zu Ende sind, werden die ausgelegten Karten – aber nicht die beiden Ablagestapel – zusammengenommen, gemischt und neu ausgelegt, und das Spiel beginnt von neuem. So geht es weiter, bis nicht mehr genügend Karten vorhanden sind, daß jeder Spieler 5 Karten auslegen kann.
Nun zählt man die Karten der beiden Ablagestapel. Wer die meisten nicht verwendeten Karten übrig hat, hat verloren.

Das Bild nach dem ersten Durchspielen der Talons

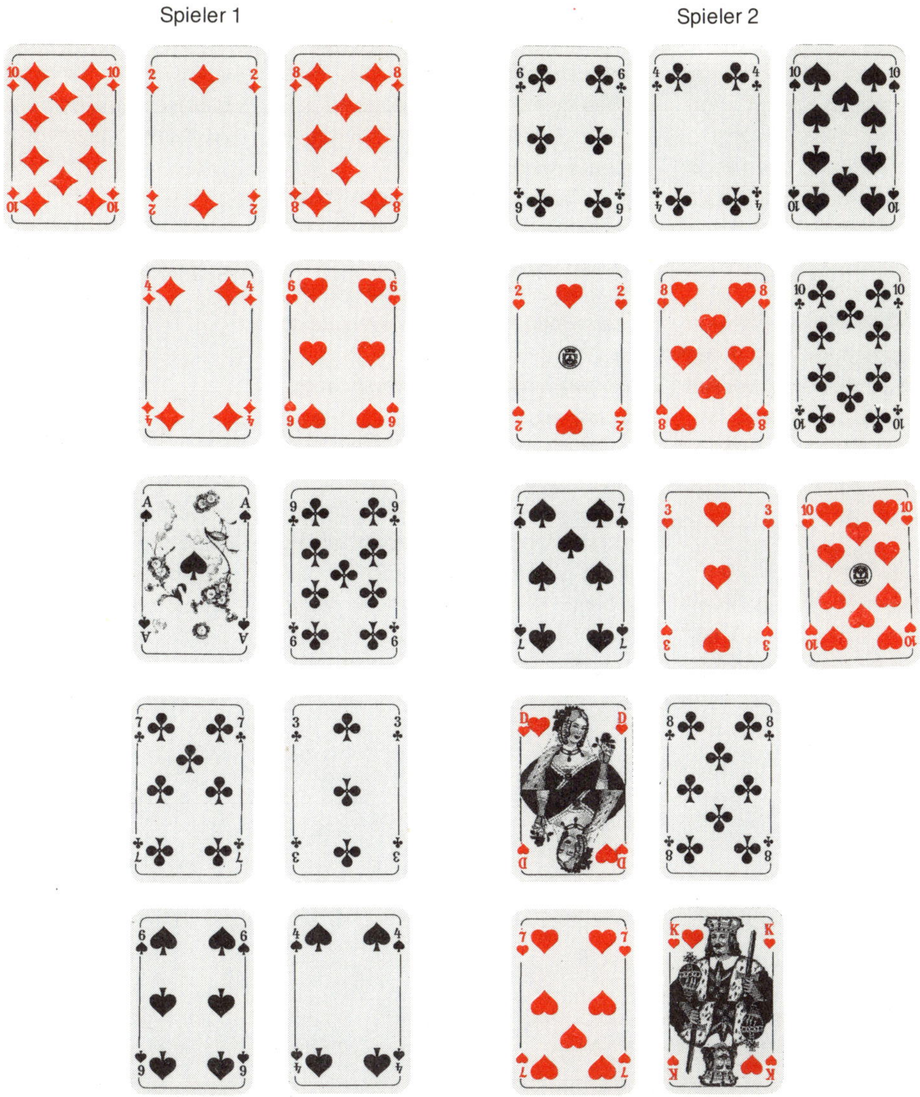

Der Rasen

(2 Spiele = 2 × 52 Karten)

A

Jeder Spieler erhält ein Spiel. Davon legt er 13 Karten als Hilfsstoß vor sich hin, dessen oberste Karte offen liegt. Außerdem legt er 4 weitere Karten als Hilfskarten aus (s. Foto).

Z

Auf den Assen werden reine Familien aufgebaut, die jedoch im Verlauf des Spiels nicht vollständig fertig werden müssen. Beide Spieler versuchen gleichzeitig, möglichst rasch ihre Familie auf- und dabei den Hilfsstoß abzubauen.

V

Zunächst wird wieder nachgesehen, was sich von den Hilfskarten verwenden läßt (Asse oder auch schon Folgekarten). Lücken bei den 4 Hilfskarten werden vom Hilfsstoß ergänzt. Auch die oberste Karte des Hilfsstoßes darf verwendet werden.

An die Hilfskarten wird bei dieser Patience nicht angelegt.

Vom Talon werden dann jeweils 3 Karten zusammen abgehoben und umgedreht.

Man darf nicht nur auf die eigenen Asse aufbauen, sondern auch auf die des Gegners.

Wer zuerst seinen Hilfsstoß aufgebraucht und nur die 4 Hilfskarten übrig hat, sagt »Halt«. Nun zählt jeder Spieler, wieviele Karten (Talon und Hilfskarten) er übrigbehalten hat, und zieht die Zahl von der Gesamtzahl der Karten seines Spiels (52) ab. Der Spieler, dessen Hilfsstoß aufgebraucht ist, darf nun dem Ergebnis noch die Zahl der Hilfsstoßkarten, die sein Gegner übrig hat, hinzuzählen.

Beispiel: Spieler A hat einen Rest von 20 Karten (davon 5 im Hilfsstoß):

	52
minus	20
	32

Spieler B (der seinen Hilfsstoß aufgebraucht hat) hat einen Rest von 17 Karten:

	52	
minus	17	
	35	plus 5 vom Hilfsstoß des Spielers A = 40.

Gewonnen hat der Spieler mit dem höheren Ergebnis, hier also Spieler B. Gewinnen wird meist der Spieler, der am schnellsten seinen Hilfsstoß abgebaut hat.

Spieler 1
Spieler 2

Die Zankpatience

(2 Spiele = 2 × 52 Karten)

Dies ist wohl die bekannteste der Patiencen für 2 Spieler.

A

Jeder Spieler erhält ein Spiel. Davon zählt er 13 Karten ab. Sie bilden einen Hilfsstoß, dessen oberste Karte offen liegt. In einer senkrechten Reihe werden dann weitere 4 Hilfskarten ausgelegt. Zwischen den Hilfsreihen der beiden Spieler muß genügend Platz für 2 senkrechte As-Reihen bleiben.

Z

Auf den im Spielverlauf erscheinenden Assen sollen reine Familien aufgebaut werden.

Gewinner des Spiels ist nicht – wie man annehmen könnte –, wer möglichst viele Familien aufbaut, sondern wer zuerst alle seine Karten los wird.

V

Der Spieler, dessen aufgedeckte oberste Karte des Hilfsstoßes den höheren Wert hat, beginnt. Er sieht zuerst nach, ob bei seinen Hilfskarten ein As, eventuell mit Folgekarte(n), ist und legt es (sie) in die Mitte. Die Karten seiner Hilfsreihe kann er auch umlegen, denn an sie darf fallend und abwechselnd rot an schwarz und umgekehrt angelegt werden. Entstehende Freiplätze füllt er gleich wieder vom Talon auf. Die oberste Karte des Hilfsstoßes darf mitverwendet werden, ebenso die äußersten Karten der an den 4 Hilfskarten entstehenden waagerechten Reihen. Die Hilfskarten dürfen immer nur einzeln umgelegt werden.

Geht nichts mehr, wird eine Karte nach der anderen vom Talon umgewendet. Sobald eine der Karten vom Talon nicht zu verwenden ist, kommt der 2. Spieler an die Reihe, der genauso verfährt wie der erste.

Die Karten vom Talon, die nicht verwendet werden können, bilden einen Ablagestapel, dessen oberste Karte mitspielt. Der Witz bei dieser Patience ist der, daß ein Spieler seinen Gegner dadurch ärgern kann, daß er dessen Karten vermehrt. Es ist nämlich erlaubt, eigene Karten auf Hilfsstoß und Ablagekarten des Mitspielers – steigend oder fallend, aber nur farbgleich – abzulegen.

Jeder Spieler hat also folgende Möglichkeiten: Er darf Karten vom Talon, vom Hilfsstoß, vom Ablagestapel oder die äußeren Karten der waagerechten Hilfskarten-Reihen

- zum Aufbau der Familien verwenden (farbecht und steigend),
- an die Hilfsreihen anlegen (fallend rot-schwarz und umgekehrt),
- auf Hilfsstoß oder Ablagestapel des Mitspielers ablegen (farbecht, steigend oder fallend).

Hat er bei einer Karte die Wahl zwischen Ablegen auf einer Grundkartenfolge und dem Ablegen an einer anderen Stelle, muß er sie auf die Grundkartenfolge auflegen.

Freiplätze bei den Hilfsreihen werden nach der Auslage vom Hilfsstoß oder vom Ablagestapel gefüllt.

Wenn der Spieler, der begonnen hat, zuerst mit seinen Karten zu Ende ist, kommt der Spieler 2 noch einmal an die Reihe, damit jeder gleich oft drankommt. Wird er jetzt auch fertig, endet das Spiel unentschieden.

Die beiden Talons können solange immer wieder durchgespielt werden, bis ein Spieler den seinen ganz aufgebraucht hat.

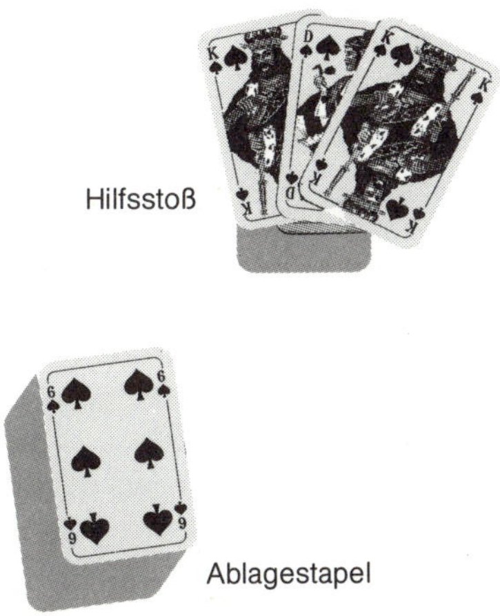

Die Zankpatience

Unser Foto zeigt das Bild in dem Moment, in dem Spieler 2 seinen Talon ganz durchgespielt hat. Er konnte 2 Karten auf den Hilfsstoß von Spieler 1 packen, dieser eine Karte auf den Ablagestapel von Spieler 2. Das Auslegen von Grundkarten und der Aufbau der Familien ging bisher recht langsam voran.

Die Sympathiepatience

(2 Spiele = 2 × 52 Karten)

A

Jeder Spieler erhält ein Spiel und legt 12 Karten in einer Reihe offen aus.

Z

Die beiden Spiele sollen nach und nach in den beiden Reihen ausgelegt und paarweise abgebaut werden.

V

Der Spieler, dessen erste Karte in der Reihe den höheren Wert hat, beginnt. Haben beide Karten den gleichen Wert, entscheidet die Farbe. Folgt man der Reihenfolge der Farben beim Skat, so ist es Kreuz – Pik – Herz – Karo, beim Bridge dagegen ist es Pik – Herz – Karo – Kreuz.
Der anfangende Spieler sieht nach, ob Karten doppelt ausliegen, einmal in jeder Reihe. Ist das der Fall, nimmt er solche Kartenpaare heraus. Die Lücken in *seiner* Reihe füllt er von seinem Talon wieder auf.
Dann kommt der Spieler 2 an die Reihe. Er füllt zuerst die Lücken in seiner Reihe und sucht dann nach weiteren Kartenpaaren usw.
Gelingt es, beide Spiele ganz abzubauen, zählen beide Spieler die Kartenpaare, die sie ansammeln konnten. Gewinner ist, wer die meisten hat.

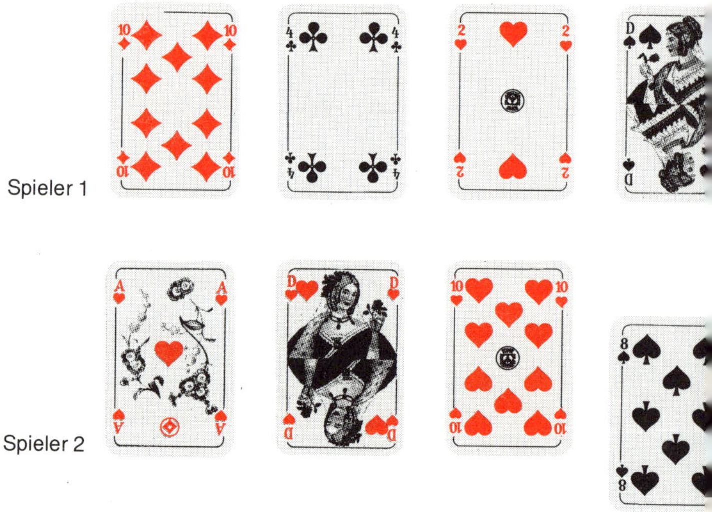

Die Sympathiepatience

Spieler 1 hat als erste Karte die Karo-Zehn: Er beginnt, und er kann drei Kartenpaare herausnehmen. Wir haben sie durch leichtes Verschieben nach oben bzw. unten gekennzeichnet.

Le Grabuge

(mindestens
4 Spiele = 2 × 104 Karten)

Bei dieser Patience können bis zu 4 Personen mitspielen. Jeder erhält 2 Spiele, mischt sie und gibt die Hälfte seinem Nachbarn.

A

Jeder Spieler hat die gleiche Kartenmenge, zählt 7 Karten davon ab und legt sie als Hilfsstoß (hier meist »Stock« genannt) vor sich hin. Die oberste Karte dieses Hilfsstoßes wird umgedreht, und wer den höchsten Wert aufgedeckt hat, beginnt. Gibt es Karten gleichen Wertes, so entscheidet die Farbe. Man kann sich nach der Reihenfolge beim Skat (Kreuz – Pik – Herz – Karo) oder nach der beim Bridge (Pik – Herz – Karo – Kreuz) richten.
Der erste Spieler hebt die oberste Karte seines Talons ab und legt sie in die Mitte des für die Auslage vorgesehenen Platzes. Sie gibt den Wert der Grundkarten an, die bei diesem Spiel »Grabuge« (französisch für »Krach, Zank«) heißen. Die Karte in der Mitte ist der »Königs-Grabuge«. Die im Spielverlauf erscheinenden restlichen Grundkarten (Grabugen) werden nach und nach im Kreis um die erste gelegt.

Z

Auf dem »Königs-Grabuge« wird eine farbechte Familie steigend aufgebaut. Auf den anderen Grabugen baut man ebenfalls steigend auf, aber die Farben spielen hier keine Rolle. Wer die Schlußkarte auf eine Grabuge-Folge legen kann (also die Karte, die im Wert unter dem Grabuge liegt), kann alle 13 Karten an sich nehmen. Gewinner ist, wer zum Schluß die meisten Grabugen eingesammelt hat. Die Familie auf dem »Königs-Grabuge« zählt dabei fünffach.

V

Der Spieler, der den »Königs-Grabuge« ausgelegt hat, schaut zunächst nach, ob die oberste Karte seines Hilfsstoßes (»Stockes«) vielleicht auch eine Grundkarte ist, die er auslegen kann. Dann hebt er die erste Karte seines Talons ab. Ist es eine weitere Grundkarte oder eine Folgekarte, legt er sie entsprechend aus oder auf. Sonst beginnt er mit ihr einen Ablagestapel, und der nächste Spieler kommt an die Reihe und verfährt genauso. So geht es weiter.
Wie bei der Zankpatience dürfen auch hier Karten vom Talon, die sich auf keinen Grabuge auflegen lassen, auf den Ablagestapel eines Mitspielers gelegt werden, wo sie steigend oder fallend passen. Die Farbe ist dabei gleichgültig. Aber nur auf den Ablagestapel, nicht auf den Hilfsstoß! Und nur Karten vom Talon! Karten vom Hilfsstoß dürfen nur zum Aufbau auf den Grabugen verwendet werden.
Karten, die man als Schlußkarten auf den Grabugen braucht, wird man natürlich nie bei einem Mitspieler aufpacken, da man sich sonst eventuell die Möglichkeit nimmt, eine Grabuge-Folge abzuschließen und die Karten zu bekommen!
Die einzelnen Ablagespiele dürfen immer wieder umgedreht und neu durchgespielt werden.
Wer mit seinen Karten zu Ende ist, scheidet aus. Gespielt wird, bis alle Karten aufgelegt sind oder bis es nicht mehr weitergeht, weil die Talons aufgebraucht sind, und noch vorhandene Hilfsstöße nicht mehr abgebaut werden können. Zum Schluß wird gezählt, wer die meisten Grabugen eingesammelt hat. Nicht vergessen: Der »Königs-Grabuge« zählt soviel wie 5 andere.

Bei 2 Spielern liegen 15 Grabugen im Kreis, der 16. in der Mitte. Hier ist die Kreuz-Fünf als »Königs-Grabuge« ausgelegt, d. h. alle Grabugen werden bis zur Vier aufgebaut. Einige weitere Grabugen liegen schon aus, und ab und zu hat der Aufbau schon begonnen. Eine Kreuz-Sechs ist noch nicht erschienen (Aufbau auf dem »Königs-Grabuge« farbecht!).

Damenpatience

(1 Spiel = 52 Karten)

A

Die 4 Könige werden in einer waagerechten Reihe als Grundkarten ausgelegt. Darunter kommt eine Reihe von 4 offenliegenden Hilfskarten.

Z

Auf die Könige sollen steigend reine Familien bis zur Dame aufgebaut werden.

V

Der Rest der Karten wird an die beiden Spieler verteilt, d. h. jeder bekommt 22 Karten, die er verdeckt vor sich hinlegt.
Beide Spieler drehen die oberste Karte ihres Talons um. Wer die Karte mit dem höchsten Wert aufgedeckt hat, beginnt.
Wenn sich bei den 4 Hilfskarten ein As befindet, darf der erste Spieler es auf den farbgleichen König legen und die Freistelle mit einer Karte seines Talons neu besetzen. Dann dreht er die nächste Karte seines Talons um und sieht nach, ob er sie verwenden kann, entweder zum Auflegen auf eine der Grundkarten (oder auf das As, das er vorher ausgelegt hat) oder zum Anlegen an eine der 4 Hilfskarten (fallend und im Rot-Schwarz-Wechsel). Das geht solange weiter, bis er eine Karte nicht verwenden kann. Mit ihr beginnt er einen offenen Ablagestapel, und nun kommt der 2. Spieler an die Reihe, ebenfalls solange, bis er eine Karte nirgendwo unterbringen kann. Jeder Spieler darf sonst nicht verwendbare Karten auch farbecht steigend oder fallend auf den Ablagestapel des Gegners legen. Die oberste Karte des eigenen Ablagestapels darf stets mitverwendet werden.
Ist ein Talon zu Ende, wird er umgedreht und neu durchgespielt. Dies wird solange fortgesetzt, bis die Patience aufgegangen ist. Geht sie auf, ist der Spieler Gewinner, dessen Talon zuerst aufgebraucht war.

Damenpatience

Die Karten sind ausgelegt, und die beiden obersten Karten der Talons umgedreht. Der Spieler mit dem Herz-Buben beginnt.

Kleines Fachwörterlexikon

ablegen
Abgelegt werden frei liegende Karten oder Folgen auf die Grundkarten.

abziehen und auslegen
Abgezogen und ausgelegt werden die Karten vom Talon auf den Tisch zur weiteren Verwendung.

geschuppt auslegen
Die Karten so untereinanderlegen, daß jede zum Teil von der nächsten verdeckt ist

Auslage
Bestimmte Anzahl von Karten, die vor dem eigentlichen Spielbeginn aus dem Stamm genommen und nach bestimmten Vorgaben auf das Spielfeld gelegt werden.

Familie
Aufeinanderfolge von Karten vom As bis zum König oder umgekehrt

– reine (farbechte) Familie
Aufeinanderfolge von Karten einer Farbe vom As bis zum König oder umgekehrt

– gemischte (unechte) Familie
Aufeinanderfolge von Karten vom As bis zum König oder umgekehrt, die abwechselnd rot und schwarz gelegt werden müssen (oder auch ohne Rücksicht auf die Farbe).

Farben
Die Symbole, die sich auf den Karten befinden (Herz, Karo, Pik und Kreuz), werden Farben genannt

Farbzwang
die Vorschrift, nur eine Karte der gleichen Farbe zu benutzen (z. B. zum Aufbau einer Familie)

Folge **(oder Serie)**
Aufeinanderfolge von 3 oder mehr Karten (z. B. Neun, Zehn, Bube)

– reine (farbechte) Folge
Aufeinanderfolge von 3 oder mehr Karten einer Farbe (z. B. Herz-Neun, Herz-Zehn, Herz-Bube)

– gemischte (unechte) Folge
Aufeinanderfolge von 3 oder mehr Karten, die abwechselnd in roter und schwarzer Farbe gelegt werden müssen (z. B. Herz-Neun, Pik-Zehn, Karo-Bube)

– springende Folge
Aufeinanderfolge von Karten mit entweder nur geraden oder nur ungeraden Werten (As – Drei – Fünf usw. bis zum König oder Zwei – Vier – Sechs usw. bis zur Dame)

Karten

– Augenkarten

Darunter versteht man die Karten von 1–10.

– Bildkarten

Damit sind Bube, Dame und König gemeint. Die Werte der Bildkarten bei der Patience sind: Bube 11, Dame 12, König 13 (As = 1)

– Grundkarten

Karten, auf die weitere in auf- oder absteigender Ordnung gelegt werden

– freiliegende Karte

Karte, die nicht von einer anderen ganz oder teilweise bedeckt oder von mehreren eingeschlossen ist

– offene Karte

Die Karte liegt mit der Bildseite nach oben.

– verdeckte Karte

Die Karte liegt mit der Bildseite nach unten.

Kartenbild

Bestimmte Anordnung einer vorgeschriebenen Anzahl von Karten, die ausgelegt werden

(auf)steigende Ordnung von Karten

Kartenfolge vom As aufwärts bis zum König

absteigende (fallende) Ordnung von Karten

Kartenfolge vom König abwärts bis zum As

einfaches Spiel

Kartenspiel mit 52 Blatt

doppeltes Spiel

Kartenspiel mit 2 × 52 Blatt

Skatspiel

Kartenspiel, das statt 52 nur 32 (4 × 8) Karten umfaßt. Die Zwei, Drei, Vier, Fünf und Sechs müssen vor dem Spiel entfernt werden.

Stamm

Die Karten, die man insgesamt für ein Spiel zur Verfügung hat

Stoß (Ablagestapel)

Er wird durch die vom Talon abgezogenen, zunächst aber nicht zu verwendenden Karten gebildet.

Talon

Kartenstoß, der übrigbleibt, wenn die für das Kartenbild erforderlichen Karten ausgelegt sind

Zeichen

Beim Patience-Spiel gibt es zwei Zeichen: Rot und Schwarz (nicht mit den Farben zu verwechseln).

174